Beck-Rechtsberater

Scheidungsberater für Frauen

dtv

Beck-Rechtsberater

Scheidungsberater für Frauen

Ihre Rechte und Ansprüche bei Trennung und Scheidung

von Heike Dahmen-Lösche

Deutscher Taschenbuch Verlag

Im Internet:

dtv.de

beck.de

Originalausgabe
Deutscher Taschenbuch Verlag GmbH & Co. KG,
Friedrichstraße 1a, 80801 München

Gesamtherstellung: Druckerei C. H. Beck, Nördlingen
(Adresse der Druckerei: Wilhelmstraße 9, 80801 München)
Umschlaggestaltung: Agentur 42 (Fuhr & Partner), Mainz

ISBN (10): 3-423-50641-5 (dtv)
ISBN (10): 3-406-54526-2 (C. H. Beck)
ISBN (13): 978-3-423-50641-0 (dtv)
ISBN (13): 978-3-406-54526-9 (C. H. Beck)

Vorwort

Seit dem Erscheinen des Ratgebers „Trennung, Scheidung – Welche Rechte? Ein Ratgeber für Frauen“, zuletzt erschienen im Bertelsmann Verlag Mosaik – Goldmann, hat sich das Familienrecht in vielen Bereichen geändert.

Nunmehr erscheint der Ratgeber mit neuem Titel „Scheidungsberater für Frauen“ als Beck-Rechtsberater im dtv.
Der Aufbau ist im Wesentlichen beibehalten worden. Neu sind die Änderungen im Unterhaltsrecht, das geplante neue Unterhaltsrecht und die ausführlichere Darstellung der Kapitel Güterstände und Zugewinnausgleich. Neue Checklisten und ein aktualisierter Adressenteil runden das Buch ab.

An dieser Stelle möchte ich meiner Kollegin Rechtsanwältin Julia Ehm meinen Dank für ihre Mitarbeit und zahlreichen Anregungen aussprechen.

Duisburg, im März 2006 *Heike Dahmen-Lösche*

Inhaltsverzeichnis

Einleitung

Dieses Buch ist als Orientierungshilfe für Frauen gedacht, die sich in der Trennungs- bzw. Scheidungssituation befinden. Jede Frau, die sich zu einer Scheidung entschlossen hat, ist nicht nur mit großen psychischen Belastungen und oft schmerzhaften Auseinandersetzungen konfrontiert, sondern auch mit einer Vielzahl von rechtlichen Fragen und Problemen. Zu diesen rechtlichen Aspekten einer Scheidung, angefangen von den Scheidungsvoraussetzungen bis zu den mit einer Scheidung einhergehenden Folgen – juristisch kurz: Folgesachen–, bietet dieser Ratgeber die wichtigsten Informationen, leicht nachvollziehbare Erläuterungen sowie zahlreiche Tipps. Jeder Abschnitt wird mit konkreten Fallbeispielen illustriert, um daran anschließend systematisch die rechtlichen Fragen rund um Trennung, Scheidung und deren Folgen zu erläutern. Die Fallbeispiele sind so ausgesucht, dass die Initiative zur Trennung oder Scheidung jeweils von der Ehefrau ergriffen wird. Soweit es sich um Probleme handelt, die bereits während der Trennungsphase zu regeln sind, finden sich diese als gesonderter Unterpunkt bei der jeweiligen Scheidungsfolgesache. Der Darstellung des Prozessverlaufs, der Kosten des Scheidungsverfahrens und der erbrechtlichen Konsequenzen sind gesonderte Kapitel gewidmet.

Ferner wurden zu den Themen Kindes-, Trennungs- und nachehelicher Unterhalt sowie Hausrat und Zugewinnausgleich persönliche Checklisten erarbeitet, die es ermöglichen, dass erworbene Wissen auf den eigenen Fall anzuwenden. Der Adressenteil gibt einen Überblick über Beratungsstellen für Frauen in Deutschland.

Die Zahl der Scheidungen nimmt weiter zu!

Eine Ehe kann nur durch ein gerichtliches Urteil aufgehoben werden. Während früher religiöse Vorbehalte oder das alte Scheidungsrecht, dass auf dem Schuldprinzip basierte, die Zahl der Scheidungen sehr niedrig hielt, kann heute im Prinzip jede Ehe, die als zerrüttet gilt, geschieden werden. In Deutschland endet derzeit ca. jede dritte Ehe vor dem Scheidungsrichter – Tendenz steigend. Dabei werden die meisten Scheidungsanträge von Frauen eingereicht. Dies hat unter anderem seinen Grund darin, dass eine Scheidung inzwischen nicht mehr unbedingt gesellschaftliche Ausgrenzung und sozialen Abstieg bedeuten muss. Positiv formuliert heißt das, dass sich im Zuge der Emanzipation, die Frauen zunehmend ihrer Rechte und Möglichkeiten bewusst werden und den Schritt wagen, eine unerträglich oder unzumutbare Ehesituation aufzulösen.

A. Scheidungsvoraussetzungen

Am 1.7.1977 trat in der Bundesrepublik Deutschland im Zuge der Reform des Ehe- und Familienrechts ein neues Scheidungsrecht in Kraft. Wesentliche Änderung ist die Ablösung des Schuldprinzips durch das sogenannte Zerrüttungsprinzip. Nach dem alten Recht konnte die Ehe nur dann geschieden werden, wenn ein Ehegatte schuldhaft gegen die ehelichen Pflichten verstoßen hatte, z. B. wenn er die Ehe gebrochen, den Anderen böswillig verlassen oder ihm nach dem Leben getrachtet hatte. Konsequenz war, dass der beklagte und schuldig gesprochene Ehegatte dem Schuldlosen Unterhalt zahlen musste, während das Sorgerecht grundsätzlich dem schuldlosen Ehegatten übertragen wurde. Nach dem **Zerrüttungsprinzip** dagegen kann die Ehe geschieden werden, wenn sie gescheitert ist. Der entscheidende § 1565 Abs. 1 Bürgerliches Gesetzbuch (BGB) lautet:

Die Ehe ist gescheitert, wenn die Lebensgemeinschaft der Ehegatten nicht mehr besteht und nicht erwartet werden kann, dass die Ehegatten sie wiederherstellen.

Voraussetzung für die Scheidung ist demnach nicht mehr ein ehewidriges Verhalten eines Ehegatten, sondern die Feststellung, dass es zu einem endgültigen Bruch zwischen den Eheleuten gekommen ist, bei dem es sich um einen Dauerzustand handelt. Das „Scheitern der Ehe“ muss vom Gericht festgestellt werden. Die strittige Frage ist nun, ab wann eine Ehe als zerrüttet gilt.

Gem. § 1565 Abs. 1 BGB wird „unwiderlegbar vermutet“, dass die Ehe gescheitert ist, wenn die Ehegatten seit einem Jahr getrennt leben und beide Ehegatten die Scheidung beantragen oder der Antragsgegner der Scheidung zustimmt.

I. Einverständliche Scheidung

Beispiel: Frau Anne B. aus Duisburg lebt mit Ihrem Mann Jochem B. seit einem Jahr innerhalb der ehelichen Wohnung getrennt. Sie schläft im vormals gemeinsamen Schlafzimmer, er im Wohnzimmer. Schon seit einem Jahr sorgt Anne B. nicht mehr für ihren Mann. Jeder hält seinen Wohnbereich selbst sauber. Beide Eheleute wollen geschieden werden.

Die Ehe der Eheleute B. kann ohne Probleme geschieden werden, da die Voraussetzungen des § 1565 Abs. 1. BGB in Verbindung mit § 1566 Abs. 1 BGB vorliegen. Die Partner leben seit einem Jahr „von Tisch und Bett" getrennt, werden ihre eheliche Lebensgemeinschaft aller Voraussicht nach nicht wieder aufnehmen und wollen beide geschieden werden. Zum Getrenntleben im Sinne des Gesetzes gehört neben der Einstellung sexueller Kontakte auch die Verweigerung wechselseitiger Versorgungsleistungen wie z. B. Kochen, Waschen, Bügeln, Einkaufen, etc. Ein kurzfristiger Versöhnungsversuch während der Trennungszeit ist unschädlich. Haben sich die Eheleute bspw. am 25. 1. 2006 getrennt, und leben sie im Monat April im Rahmen eines Vesöhnungsversuches für ein paar Wochen wieder zusammen, ändert dies nichts am Beginn des Trennungsjahres, wenn der Versöhnungsversuch scheitert. Um später die Trennung beweisen zu können, ist es ratsam, dem Ehemann schriftlich den Trennungszeitpunkt mitzuteilen. Selbstverständlich kann auch dieses Schreiben durch einen Anwalt an den Ehemann gesandt werden.

Für die einverständliche Scheidung ist es nach § 630 Zivilprozessordnung (ZPO) weiter unabdingbar, dass sich die Eheleute über die **Folgesachen** der Scheidung **einigen;** hierzu gehören unter anderem die Regelung der elterlichen Sorge für die gemeinsamen Kinder, der Kindesunterhalt, das Umgangsrecht, der Ehegattenunterhalt sowie die Verteilung von Hausrat und Ehewohnung. Entgegen der früheren Fassung des § 630 ZPO ist die übereinstimmende Erklärung der Ehepartner ausreichend, dass Anträge zum Sorge- und Umgangsrecht nicht gestellt werden. Diese besonderen Anforderungen an das Verfahren der einverständlichen Scheidung rechtfertigen, dass die Scheidung nach § 1566 Abs. 1 BGB gegenüber dem Grundtatbestand des § 1565 Abs. 2 BGB erleichtert ist: Bei einjähriger Trennungszeit und gemeinsamen Scheidungsbegehren wird die Ehe ohne Prüfung ihrer Zerrüttung geschieden, wohingegen im Falle der streitigen Scheidung die Zerrüttung zweifelsfrei nachgewiesen werden muss.

Zusammengefasst kann man sagen, dass bei einer einverständlichen Scheidung drei Voraussetzungen zusammen kommen müssen:

- Die Eheleute leben seit einem Jahr entweder innerhalb der ehelichen Wohnung oder schon räumlich getrennt.
- Beide Eheleute wollen geschieden werden.
- Beide Partner einigen sich über die Scheidungsfolgesachen.

II. Streitige Scheidung

Beispiel: Helma K. aus Mülheim lebt seit einem Jahr mit ihren beiden Kindern in einer eigenen Wohnung. Sie möchte schnellstmöglich geschieden werden. Ihr Ehemann lehnt die Scheidung ab. Er schreibt ihr nach wie vor glühende Liebesbriefe, versucht immer wieder, sich mit ihr zu treffen und gibt die Hoffnung einfach nicht auf. Helma K. dagegen empfindet nichts mehr für ihren Ehemann und ist entschlossen, die Scheidung zu beantragen.

Im Gegensatz zu der einverständlichen Scheidung trifft hier die sogenannte „Zerrüttungsvermutung“ des § 1566 Abs. 1 BGB nicht zu. Das **Scheitern** der Ehe muss daher von Helma K. **bewiesen** werden. Erfahrungsgemäß werden dabei seitens des Gerichts keine allzu hohen Maßstäbe angelegt. Im Regelfall wird eine Ehe dann als gescheitert angesehen, wenn die eheliche Lebensgemeinschaft nicht mehr besteht und der Scheidungswillige klar zu erkennen gibt, dass er keine ehelichen Gemeinsamkeiten mehr will. Helma K. lebt bereits seit einem Jahr in einer eigenen Wohnung; die eheliche Lebensgemeinschaft besteht demnach nicht mehr. Auch in der mündlichen Verhandlung wird Frau K. dem Richter erklären, dass sie eine Wiederherstellung der ehelichen Lebensgemeinschaft ablehnt. Helma K. wird geschieden werden, es sei denn, ihrem Ehemann gelingt es, im Einzelnen überzeugend darzulegen, dass die Ehe keineswegs zerrüttet, vielmehr mit der Wiederherstellung der ehelichen Lebensgemeinschaft zu rechnen ist.

Von einer **streitigen Scheidung** spricht man demnach, wenn

- die Eheleute seit mindestens einem Jahr innerhalb der ehelichen Wohnung oder räumlich getrennt leben,
- es nicht erwartet werden kann, dass die eheliche Lebensgemeinschaft wiederhergestellt wird und

- eine der Parteien nicht geschieden werden will.
- Eine einverständliche Regelung über die Folgesachen gem. § 630 ZPO ist nicht erforderlich.

III. Scheidung wegen unzumutbarer Härte

In besonderen Fällen kann auch **ohne** Abwarten des **Trennungsjahres** eine Ehe geschieden werden. Dies ist nach § 1565 Abs. 2 BGB dann der Fall, wenn die Fortsetzung der Ehe für den Antragsteller aus Gründen, die in der Person des anderen Ehegatten liegen, eine unzumutbare Härte darstellen würde. Dabei müssen schwerwiegende Tatbestände vorliegen. Sogenannte Härtefälle sind in der Regel:

- Verletzung der ehelichen Treue,
- körperliche Misshandlungen oder
- massiver Alkoholmissbrauch.

Allerdings ist hier keine einheitliche Rechtsprechung festzustellen. Einige **Gerichte** lassen den Fall der ehelichen Untreue gelten, andere verlangen zumindest Offenkundigkeit, wobei es auf die Art und Weise sowie die Begleitumstände der Treueverletzung ankommt. Diese können unter Umständen so gravierend sein, dass es dem Antragsteller wegen der besonders tiefgreifenden Persönlichkeitsverletzung nicht zugemutet werden kann, das Trennungsjahr einzuhalten. Die **Beweislast** für die Voraussetzungen des § 1565 Abs. 2 BGB hat der Antragsteller, also derjenige, der sich auf die Härtefallregelung beruft. Kann z. B. die körperliche Misshandlung oder die eheliche Untreue des anderen Ehepartners vor Gericht nicht bewiesen werden, wird das Scheidungsbegehren keinen Erfolg haben. Möglicherweise ist dann aber aufgrund der Dauer des Verfahrens mittlerweile das Trennungsjahr abgelaufen, so dass das Scheidungsbegehren auf § 1565 Abs. 1 BGB gestützt werden kann.

Beispiel: Irene D. aus Oberhausen ist von ihrem Ehemann brutal misshandelt worden. Sie hat einen Nasenbein- und einen Schulterbruch erlitten, sowie zahlreiche Prellungen und Hämatome am ganzen Körper. Eine Nachbarin hat die Polizei zur Hilfe geholt, die den Ehemann sofort festnahm. Irene D. ist zunächst stationär in einem Krankenhaus behandelt worden und lebt inzwischen in einem Frauenhaus in der näheren Umgebung. Sie möchte so schnell wie möglich geschieden werden, obwohl sie erst seit einigen Tagen von ihrem Ehemann getrennt lebt.

Irene D. kann hier schon vor Ablauf des sonst obligatorischen Trennungsjahres geschieden werden, weil die Fortsetzung der Ehe aus Gründen, die in der Person des Ehemannes liegen, eine unzumutbare Härte darstellen würde. Da sie keine Probleme haben wird, dass schwerwiegende Fehlverhalten ihres Ehemannes vor Gericht, z. B. mit Hilfe von Zeugenaussagen und ärztlichen Attesten, zu beweisen, kann sie das Scheidungsverfahren sofort einleiten.

IV. Scheidung nach 3jähriger Trennung

Beispiel: Christina H. aus Berlin lebt seit 3 Jahren von ihrem Ehemann getrennt. Im Scheidungsverfahren erklärt der Ehemann, nicht geschieden werden zu wollen.

Nach § 1566 Abs. 2 BGB wird „unwiderlegbar vermutet" so heißt es juristisch – das eine Ehe **gescheitert** ist, wenn die Eheleute seit 3 Jahren getrennt leben. Diese Regelung hat der Gesetzgeber an Hand der allgemeinen Lebenserfahrung getroffen. Es ist nämlich davon auszugehen, dass der Entschluss sich scheiden zu lassen, nach 3jähriger Trennungszeit endgültig ist. Auf den entsprechenden Willen des Antragsgegners kommt es somit nicht mehr an. Das Gericht braucht auch nicht mehr das Scheitern der Ehe festzustellen oder gar zu überprüfen. Die Ehe der Christine H. wird daher geschieden werden.

V. Keine Scheidung auf Grund von Härteklauseln

Beispiel: Dagmar L. aus Hattingen lebt schon seit 3 Jahren von ihrem vermögenden Ehemann getrennt. Bei Durchführung der Scheidung müsste der Ehemann erhebliche Vermögenswerte auf seine Ehefrau übertragen. Der Ehemann lehnt die Scheidung ab mit der Begründung, dass diese ihn finanziell ruinieren würde.

Trotz des Scheiterns wird eine Ehe nicht geschieden, wenn die Voraussetzungen des § 1568 BGB gegeben sind:

Die Ehe soll nicht geschieden werden, obwohl sie gescheitert ist, wenn und solange die Aufrechterhaltung der Ehe, im Interesse der aus der Ehe hervorgegangenen minderjährigen Kinder aus besonderen Gründen ausnahmsweise notwendig ist oder die Scheidung für den Antragsgegner, der sie ablehnt, aufgrund außergewöhnlicher Umstände eine so schwere Härte darstellen würde, dass die Aufrechterhaltung der Ehe auch unter Berücksichtigung der Belange des Antragsteller ausnahmsweise geboten erscheint.

Es handelt sich hierbei um eine **Schutzvorschrift** zu Gunsten der minderjährigen Kinder und des Ehepartners, der die Scheidung ablehnt. Sie kann in extremen Ausnahmefällen sogar dazu führen, dass eine Ehe auf Lebenszeit nicht geschieden werden kann. Wegen ihres Ausnahmecharakters sind strenge Maßstäbe anzulegen.

Die in der Vorschrift enthaltene **Kinderschutzklausel** kommt dann zum Tragen, wenn festgestellt wird, dass das Festhalten an der bereits zerrütteten Ehe dem Wohle der Kinder dient, wobei es in erster Linie um immaterielle, psychische Gründe geht, die in der Person des Kindes liegen. Es könnte z. B. der Fall eintreten, dass sich durch eine Scheidung die psychische Befindlichkeit eines Kindes so sehr verschlechtern würde, dass das **Kindeswohl** gefährdet wäre. Da es sich hierbei um ein subjektives Merkmal handelt, dessen Vorliegen nur sehr schwer feststellbar ist, wird das Problem häufig ohne Einschaltung eines psychologischen Sachverständigen nicht zu lösen sein. Stellt z. B. das Gericht aufgrund eines Gutachtens fest, dass bei einem Kind im Fall der Scheidung die ernsthafte Gefahr der Selbsttötung besteht, so dürfte die Voraussetzung des § 1568 BGB gegeben sein.

Auch die in der Vorschrift enthaltene **Ehegattenschutzklausel** stellt einen seltenen Ausnahmefall dar. Ob für den betroffenen Ehegatten die Scheidung aufgrund außergewöhnlicher Umstände eine so schwere Härte darstellt, dass diese abzulehnen ist, ist objektiv kaum messbar. Die Intensität einer schweren unzumutbaren Härte ist auch hier in der Regel nur mit Hilfe eines psychologischen Sachverständigen feststellbar. Ergibt die psychologische Untersuchung bei dem Betroffenen, dass die Scheidung für diesen zu einer tiefen Depression oder dem Verlust des seelischen Selbstwertgefühls führt und sich somit der Gesundheitszustand des nicht scheidungswilligen Ehepartners erheblich verschlechtert, so kann unter Umständen der Scheidungsantrag unter Berufung auf § 1568 BGB zurückgewiesen werden.

Allerdings ist zu bedenken, dass die Anwendung der Härteklausel nicht vor **Trennung** oder **Auszug** des Partner schützt.

Im vorliegenden Fall jedoch kann der Ehemann allein mit Hinweis auf die drohenden **finanziellen Nachteile** die Scheidung nicht verhindern.

VI. Neue Bundesländer und Scheidungsvoraussetzungen

Auch für die Ehen, die in der ehemaligen DDR geschlossen wurden, gelten die zuvor genannten Scheidungsvoraussetzungen. Dies ergibt sich aus dem Grundsatz des Artikels 234 § 1 des Einführungsgesetzes zum Bürgerlichen Gesetzbuch (EGBGB). Dort heißt es:

Das vierte Buch des Bürgerlichen Gesetzbuches gilt für alle familienrechtlichen Verhältnisse, die am Tage des Wirksamwerdens des Beitritts bestehen, soweit im folgenden nichts anderes bestimmt ist.

VII. Scheidung ausländischer und gemischt-nationaler Ehen

Haben die Eheleute eine fremde Staatsangehörigkeit, so können sie in Deutschland nach dem für sie geltenden Heimatrecht geschieden werden. Ist ein Ehepartner Deutscher und haben die Eheleute ihren Lebensmittelpunkt in Deutschland, so ist deutsches Recht anzuwenden. Lebt ein deutsches Ehepaar im Ausland, so besteht die Möglichkeit die Scheidung vor dem Amtsgericht Berlin – Schöneberg durchzuführen.

B. Scheidungsfolgen I: Scheidungsfolgen, die zwingend von Amts wegen geregelt werden müssen

I. Versorgungsausgleich

Mit der Eherechtsreform im Jahre 1977 ist der Versorgungsausgleich erstmals gesetzlich geregelt worden. Das frühere Scheidungsrecht kannte eine solche Regelung nicht, was zur Folge hatte, dass viele, insbesondere nicht berufstätige Frauen im Alter Sozialhilfe in Anspruch nehmen mussten. Entweder waren die eigenen Rentenanwartschaften der Frauen sehr gering oder sie hatten sich nach der Eheschließung ihre Rentenanwartschaften auszahlen lassen.

Der Versorgungsausgleich bezweckt, dass die **Renten-** und **Pensionsanwartschaften,** die von beiden Eheleuten während der Ehezeit erworben wurden, **ausgeglichen** werden. Berufstätigkeit und Haushaltsführung sollen dabei gleichgestellt werden. In den meisten Fällen ist es heute immer noch so, dass die Ehefrau Anspruch auf eine anteilige Übertragung von Rentenanwartschaften ihres Mannes hat.

Unter Ehezeit versteht man nach § 1587 Abs. 2 BGB

... die Zeit vom Beginn des Monats, in dem die Ehe geschlossen worden ist, bis zum Ende des Monats, der dem Eintritt der Rechtshängigkeit des Scheidungsantrages vorausgeht.

> **Achtung:** Eintritt der Rechtshängigkeit geschieht mit der Zustellung des Scheidungsantrages an den anderen Ehegatten. Bis zu diesem Zeitpunkt partizipiert die Ehefrau also auch während der gesamten Trennungszeit an den Versorgungsanwartschaften des Ehemannes.

Der **schuldrechtliche Versorgungsausgleich** kommt in den Fällen zum Tragen, in denen ein Versorgungsausgleich durch Wertausgleich nicht möglich oder nicht günstig ist. Die Anwendungsfälle sind im Gesetz abschließend geregelt.

1. Klärung der Versorgungsansprüche

Alle Versorgungsansprüche, die von den Ehegatten während der Ehezeit erworben wurden, sind ausgleichspflichtig, Ausgleichungsfähig sind die **Rentenanwartschaften** in der deutschen Rentenversicherung Bund, der Knappschaftsversicherung, der Beamtenversorgung, sowie die Anwartschaften auf eine Betriebsrente. Bestimmte Renten, wie z. B. eine Schadensersatzrente nach einem Unfall, sind vom Versorgungsausgleich ausgenommen.

Beispiel: Wilhelmine W. aus Duisburg ist mit ihrem Ehemann Willy W. seit 30 Jahren verheiratet. Aus der Ehe sind drei Kinder, Peter, Christoph und Petra hervorgegangen. Der Ehemann hat während der gesamten Ehezeit versicherungspflichtig als Angestellter gearbeitet. Wilhelmine W. ist nicht berufstätig; sie hat sich um den Haushalt und die Kinder gekümmert. Jetzt will Wilhelmine W. geschieden werden und fragt nach dem Versorgungsausgleich.

Sobald der Scheidungsantrag bei Gericht eingereicht ist und die Gerichtskosten eingezahlt sind, werden beiden Eheleuten zur Ermittlung des Versorgungsausgleiches vom Gericht umfangreiche **Formulare** zugestellt, die ausgefüllt und unterschrieben wieder an das Gericht zurückgesandt werden müssen. Im vorliegenden Fall ist Willy W. als Angestellter bei der deutschen Rentenversicherung Bund rentenversichert. Da Wilhelmine W. während der Ehezeit nicht gearbeitet hat, sind bei ihr nur die Kindererziehungszeiten zu berücksichtigen. Willy W. muss folgende Formulare ausfüllen:

- Fragebogen V 1,
- Antrag auf Kontenklärung sowie
- Bruttoarbeitsentgeldbescheinigung.

Wilhelmine W. ihrerseits muss neben dem Fragebogen V1 und dem Antrag auf Kontenklärung den Antrag auf Feststellung der **Kindererziehungszeiten** ausfüllen. Die zuständigen Versicherungsämter sind beim Ausfüllen der Unterlagen behilflich; sie erteilen auch gern weitere Auskünfte. Den Fragebögen ist aber auch ein Erläuterungsbogen beigefügt, so dass wahrscheinlich jeder die Fragen beantworten kann.

Jeder Ehepartner erhält eine **Kopie** des Antragsformulars des anderen Ehepartners. Beide können schon jetzt gegenseitig **kontrollieren,** ob die Angaben wahrheitsgemäß gemacht wurden. Da weder Herr noch Frau W. Einwände erheben, leitet das Gericht die ausgefüllten Fragebögen an die deutsche Rentenversicherung Bund weiter. Diese erstellt für beide Parteien jeweils einen so genannten Versicherungsverlauf, aus dem sich ergibt, welche Rentenanwartschaften, insbesondere bezogen auf die Ehezeit, erworben wurden. Hierbei ist zu berücksichtigen, dass die Rentenversicherungsträger in der Regel mindestens drei Monate zur Auswertung benötigen. Es empfiehlt sich daher, die Unterlagen schnellstmöglich an das Gericht zurückzusenden, da ansonsten das Scheidungsverfahren verzögert wird.

Fortsetzung des Beispiels: Willy W. hat während der Ehezeit 1 000,00 € Rentenanwartschaften pro Monat erworben. Aus den Erziehungszeiten errechnet sich für Wilhelmine W. ein Rentenanteil in Höhe von 300,00 € monatlich, so dass sich eine Differenz zwischen beiden Rentenanwartschaften in Höhe von 700,00 € ergibt. Von dem Rentenkonto des Willy W. bei der deutschen Rentenversicherung ist die Hälfte des Differenzbetrages, in diesem Falle also 350,00 € auf das Rentenkonto der Wilhelmine W. zu übertragen. Damit ist sichergestellt, dass Wilhelmine W. bei Eintritt ins Rentenalter einen eigenen Rentenanspruch gegenüber dem Versicherungsträger in Höhe von 650,00 € hat. Willy W. dagegen wird im Rentenfall eine um 350,00 € verminderte Rente beziehen. Will er dies verhindern, muss er seine Rente durch zusätzliche Einzahlungen aufstocken. Hierzu sollte er sich bei einem Rentenberater informieren.

Das Prinzip des Versorgungsausgleiches ist zwar einfach, doch die Durchführung ist im Einzelnen recht kompliziert. In der Regel sind sowohl die jeweils zuständigen **Versicherungsämter** als auch die Anwälte beim Ausfüllen der Formulare behilflich. Da es beim Versorgungsausgleich letztlich um hohe Summen gehen kann, ist eine sorgfältige Prüfung und Beratung in jedem Fall empfehlenswert.

2. Durchführung des Versorgungsausgleiches

a) Rentensplitting. Hat der Ehemann, wie im Falle des Ehepaares W., höhere Rentenanwartschaften als seine Frau bei einer gesetzlichen Rentenversicherung erworben, so wird im Rahmen des Ehescheidungsverfahrens die Hälfte der **Wertdifferenz** zwischen den jeweils erworbenen **Rentenanwartschaften** auf das Rentenkonto der Ehefrau übertragen. Angenommen, der Ehemann hat Rentenansprüche in Höhe von 1500,00 € monatlich erworben, seine Ehefrau aber nur in Höhe von 500,00 €, so ergibt sich eine Wertdifferenz von 1000,00 €, wovon der Ehemann die Hälfte (= 500,00 €) seiner Frau auszugleichen hat, so dass die Rentenanwartschaften, bezogen auf die Ehezeit, gleichmäßig verteilt sind. Besitzt die Ehefrau kein eigenes Rentenkonto, weil sie nie berufstätig war, dann wird nach der Scheidung eines für sie eingerichtet. In beiden Fällen spricht man von dem so genannten Rentensplitting. Die Frau sollte in jedem Falle prüfen, ob ihr künftiger Rentenanspruch hoch genug ist oder ob sie sich um eine zusätzliche Altersversorgung kümmern muss. Die vorstehenden Ausführungen gelten natürlich auch für den Fall, dass die Ehefrau höhere Rentenanwartschaften erworben hat und aus diesem Grunde eine Übertragung auf das Konto des Ehemannes vorzunehmen ist.

Mit der Durchführung des Rentensplittings verliert der Verpflichtete den Teil der Rentenanwartschaften, der auf das Konto des Berechtigten übertragen wird. Dies gilt, sobald die **Entscheidung** über den Versorgungsausgleich **rechtskräftig** wird, unabhängig davon, ob der Berechtigte die auf ihn übertragenen Rentenanwartschaften später tatsächlich in Anspruch nimmt oder nicht.

Beispiel: Die Eheleute Heinz und Ingrid S. aus Ulm lassen sich scheiden. Im Rahmen der Durchführung des öffentlich-rechtlichen Versorgungsausgleichs überträgt das Gericht monatliche Rentenanwartschaften in Höhe von 300,00 € vom Rentenkonto der Ehefrau auf das des Ehemannes. Fünf Jahre nach Rechtskraft der Scheidung stirbt Heinz S. ohne das Rentenalter erreicht zu haben. Als Ingrid S. ein Jahr später in Rente geht, fehlen ihr monatlich 300,00 € an ihrer Altersversorgung, da diese im Scheidungsurteil auf das Rentenkonto ihres Ehemannes übertragen wurden. Ingrid S. fragt, ob die Kürzung rechtens ist, da ihr Exmann inzwischen verstorben ist, ohne Rentenbezüge erhalten zu haben.

Fälle der vorliegenden Art haben dazu geführt, dass das Bundesverfassungsgericht **einige Bestimmungen** über den Versorgungsausgleich für **verfassungswidrig** erklärt hat. Der Gesetzgeber hat daraufhin u. a. § 4 des Gesetzes zur Regelung von Härten im Versorgungsausgleich (VAHRG) erlassen. Danach kommt eine Kürzung der Versorgung des Verpflichteten dann nicht in Betracht, wenn der Berechtigte vor seinem Tod keine Leistungen oder nicht mehr als zwei Jahresbeträge in Anspruch genommen hat. Ingrid S. hat daher einen Anspruch auf Zahlung der vollen Rente trotz des seinerzeit durchgeführten Versorgungsausgleichs.

b) Quasi-Splitting. Hat der Ehemann Anwartschaften auf Altersversorgung aus einer **Beamtenversorgung,** die Ehefrau dagegen keine oder nur aus der gesetzlichen Rentenversicherung, kann kein Rentensplitting durchgeführt werden, da beamtenrechtliche Pensionsanwartschaften nicht übertragen werden können.

Der Versorgungsausgleich wird in diesem Fall so vorgenommen, dass das Familiengericht für die Ehefrau eine Rentenanwartschaft in Höhe der Hälfte des **Wertunterschieds** in der **gesetzlichen Rentenversicherung** begründet. Dieses so genannte Quasi-Splitting erfolgt nach § 1587 b Abs. 2 BGB.

Beispiel: Der Polizeiinspektor D. aus München und seine Ehefrau, die Sekretärin Elfriede D. lassen sich scheiden. Während die Ehefrau Anwartschaften in der deutschen gesetzlichen Rentenversicherung Bund erworben hat, stehen dem Ehemann deutlich höhere Altersversorgungsansprüche gegenüber dem zuständigen Landesamt für Besoldung und Versorgung zu.

Um Elfriede D. einen Anteil der beamtenrechtlichen Versorgungsansprüche ihres Ehemannes zukommen zu lassen, gleicht der Versorgungsträger des Beamten den Wertunterschied zwischen den Renten- bzw. Pensionsanwartschaften der Eheleute aus, in dem er den erforderlichen Betrag in Höhe der Hälfte des Wertunterschieds an den gesetzlichen Versicherungsträger zahlt. Gleichzeitig wird er die Pensionsanwartschaften des Beamten entsprechend kürzen.

c) Ausgleich sonstiger Versorgungsrechte. Liegen die Voraussetzungen für ein Renten-oder Quasi-Splitting nicht vor, bestehen jedoch andere Ansprüche auf Altersversorgung, z. B. in Form von Betriebsrenten, privaten Rentenversicherungen oder Lebensversicherungen auf Rentenbasis, so schreibt § 1 Abs. 2 VAHRG zunächst eine so genannte **Realteilung** vor. Dies bedeutet, dass jedem Ehegatten die Hälfte des Versorgungsanspruches als eigener Anspruch zugeteilt wird. Bei Anrechten der vorstehenden Art ist jedoch eine Realteilung häufig nicht vorgesehen.

Bei Ansprüchen gegenüber öffentlich-rechtlichen Versorgungsträgern – z. B. berufsständischer Versorgung von Selbständigen oder Freiberuflern wie Ärzten, Apothekern, Rechtsanwälten Architekten –, bei denen eine Realteilung nicht vorgesehen ist, kann **analog** ein **Quasi-Splitting** durchgeführt werden (vergl. § 1 Abs. 3 VAHRG i. V. m. § 1587 b Abs. 2 BGB). Das bedeutet, dass der berufsständische Versorgungsträger so verfährt, wie das Landesamt für Besoldung und Versorgung bei den Beamten.

d) Betriebliche Altersversorgung ohne Realteilung. Hat der Ehemann zusätzlich zu der gesetzlichen Altersversorgung Ansprüche auf eine Betriebsrente, wird das Familiengericht die **Betriebsrente** in den öffentlich-rechtlichen Versorgungsausgleich mit einbeziehen, allerdings nur dann, wenn die Betriebsrente schon **„unverfallbar"** ist, d. h. wenn der Ehemann mindestens 35 Jahre alt ist und 5 Jahre dem Betrieb angehört. Der Anteil der Betriebsrente, der während der Ehezeit erworben wurde, wird vom Gericht auf eine entsprechende Rente umgerechnet und auf das Rentenkonto der Ehefrau übertragen (vgl. § 3 b Abs. 1 Nr. 1 VAHRG, § 1587 a Nr. 3, § 1587 Abs. 2 BGB). Hierbei ist zu beachten, dass der Anteil aus der Betriebsrente einen bestimmten gesetzlich vorgeschriebenen Höchstbetrag (vergl. § 76 Abs. 2 Satz 3 Sozialgesetzbuch (SGB) V 1) nicht übersteigt (so § 1587 b Abs. 5 BGB). Überschreitet der Übertragungsanspruch diesen Höchstbetrag, muss der Ehemann eine Rentenanwartschaft in der gesetzlichen Rentenversicherung für die Ehefrau durch Beitragszahlung begründen. Da dies oft hohe Summen erfordert, kann das Gericht auch eine Ratenzahlung anordnen. Auch dies muss dem Ehemann wirtschaftlich zuzumuten sein. Ist dies nicht der Fall, bleibt nur die Möglichkeit des schuldrechtlichen Versorgungsausgleiches (vgl. § 3 b Abs. 1 Nr. 2 letzter Halbsatz VAHRG).

II. Schuldrechtlicher Versorgungsausgleich

Bei allen anderen Ansprüchen auf Altersversorgung, z. B. bei der **betrieblichen Altersversorgung,** die noch nicht **unverfallbar** ist, oder bei **privaten Rentenversicherungen,** die sich nicht gegen einen öffentlich-rechtlichen Versorgungsträger wenden und keine Realteilung kennen, gibt es die Möglichkeit des schuldrechtlichen Versorgungsausgleiches (vgl. § 2 VAHRG i. V. m. §§ 1587 f–k BGB). Das bedeutet, dass der ausgleichspflichtige Ehegatte eine Geldrente zahlen muss, und zwar in Höhe der Hälfte des Betrages, um den seine Versorgungsanwartschaften die des Anderen übersteigen. Da der schuldrechtliche Versorgungsausgleich gegenüber dem öffentlich-rechtlichen Versorgungsausgleich den Berechtigten schlechter stellt, kommt er immer nur dann zum Tragen, wenn es keine anderweitige Ausgleichsart gibt (vgl. § 3 b VAHRG). Denn anders als beim öffentlich-rechtlichen Versorgungsausgleich, bei dem der Berechtigte mit der Übertragung von Rentenanwartschaften auf sein eigenes Rentenkonto einen eigenen Anspruch gegenüber dem Rentenversicherungsträger erwirbt, sind beim schuldrechtlichen Versorgungsausgleich Leistungen vom Verpflichteten erst dann zu erbringen, wenn dieser Rente bezieht und der Partner ins Rentenalter kommt bzw. das 65. Lebensjahr vollendet oder auf Grund von Krankheit oder einer ähnlichen Situation nicht mehr in der Lage ist, eine zumutbare Tätigkeit auszuüben (vgl. § 1587 g Abs. 1 Satz 2 BGB). Diese Regelung hat Nachteile und bedeutet für manchen Berechtigten eine unzumutbare Härte, z. B. dann, wenn der Verpflichtete stirbt, bevor er den Versorgungsfall erlebt, so dass der schuldrechtliche Versorgungsausgleich nicht mehr durchgeführt werden kann, mit der Folge, dass der Berechtigte keine Geldrente mehr erhält. Deshalb ist der so genannte **verlängerte schuldrechtliche Versorgungsausgleich** eingeführt worden (vgl. § 3 a VAHRG): Selbst nach dem Tode des ausgleichspflichtigen Ehegatten behält der Berechtigte einen Anspruch auf Zahlung einer Ausgleichsrente gegenüber dessen Versorgungsträger.

Der eher seltene schuldrechtliche Versorgungsausgleich tritt am häufigsten dann ein, wenn die **Betriebsrente** noch **verfallbar** ist.

Beispiel: Der 27jährige Adalbert K. ist seit fünf Jahren bei einem großen Chemiekonzern beschäftigt. Seine Ehefrau Renate K. reicht nach fünfjähriger Ehe die Scheidung ein. Im Rahmen des Ehescheidungsverfahrens führt das Gericht den öffentlich-rechtlichen Versorgungsausgleich durch. Es stellt fest, dass Adalbert K. Anspruch auf eine Betriebsrente hat, die allerdings noch nicht unverfallbar ist. Renate K. fragt, ob diese Betriebsrente bei der Durchführung des Versorgungsausgleichs berücksichtigt werden kann.

Da eine Berücksichtigung der Betriebsrente weder durch Rentensplitting noch Quasi-Splitting, Realteilung oder Quasi Splitting analog möglich ist, kommt nur der schuldrechtliche Versorgungsausgleich in Betracht (vgl. § 2 VAHRG i. V. m. §§ 1587 f bis k BGB analog). Das Gericht wird Renate K. deshalb darüber informieren, dass Ansprüche auf eine Beteiligung an der Betriebsrente frühestens dann geltend gemacht werden können, wenn Adalbert K. die Betriebsrente bezieht und auch Renate K. Rentnerin wird, krankheitsbedingt nicht mehr arbeiten kann oder das 65. Lebensjahr vollendet hat. Die Ehefrau muss dann, wenn beide Ehepartner im Rentenalter sind, beim Familiengericht einen entsprechenden Antrag auf Durchführung des schuldrechtlichen Versorgungsausgleichs stellen.

III. Ausschluss des Versorgungsausgleichs

Der Versorgungsausgleich kann aus sogenannten Billigkeitsgründen gem. der Härteklausel des § 1587 c BGB ausgeschlossen werden. Eine **grobe unbillige Härte** liegt z. B. dann vor, wenn der oder die Berechtigte längere Zeit der Pflicht zum Familienunterhalt beizutragen, nicht nachgekommen ist oder durch eigenes Handeln oder Unterlassen bewirkt hat, dass keine eigenen Rentenanwartschaften erworben wurden. Ein Beispiel hierfür ist die so genannte Studentenehe, in der der Ehemann während der Ehezeit studiert und die Ehefrau gearbeitet und sich um den Haushalt und die Kinder gekümmert hat, zu ihren Lasten aber der Versorgungsausgleich durchgeführt werden müsste.

Der Ausschluss des Versorgungsausgleichs soll jedoch nur in wenigen Ausnahmefällen greifen. Zum Beispiel wird eine Ehefrau den Ausschluss des Versorgungsausgleiches nicht durchsetzen können, wenn sie während der gesamten Ehezeit bei ihrem selbständigen Ehemann angestellt war, obwohl ihr das Gehalt nie ausgezahlt wurde. In diesem Fall muss die Ehefrau grundsätzlich einen Teil ihrer Rente auf den Ehemann übertragen, da dieser aufgrund seiner

Selbständigkeit keine eigenen Rentenanwartschaften erworben hat. Dies wird im Fall, dass die Eheleute im gesetzlichen Güterstand der Zugewinngemeinschaft leben, jedoch häufig kompensiert. Verfügt der Ehemann nämlich über **Kapitallebensversicherungen,** so wird die Ehefrau im Rahmen des Zugewinnausgleichs daran zu beteiligen sein. Besteht dagegen Gütertrennung, kommt auch ein solcher Ausgleich nicht in Betracht, so dass dann die Durchführung des Versorgungsausgleichs eine grobe unbillige Härte darstellen würde. Im Ergebnis müsste nämlich die Ehefrau Teile ihrer Rentenanwartschaften auf ihren Ehemann übertragen, während dieser durch seine Kapitallebensversicherungen bereits eine ausreichende Altersversorgung aufgebaut hat.

Beispiel: Anne O. aus Essen ist bei ihren Ehemann Heinz O. als kaufmännische Angestellte beschäftigt. Ihr monatliches Nettoeinkommen in Höhe von 1000,00 € wird nicht an sie ausgezahlt. Allerdings übernimmt ihr Ehemann die Pflichtversicherungsbeiträge, insbesondere auch für die Rentenversicherung. Die Eheleute O. haben durch einen notariellen Vertrag den gesetzlichen Güterstand der Zugewinngemeinschaft ausgeschlossen und Gütertrennung vereinbart. Während Anne O. lediglich Rentenanwartschaften bei der deutschen Rentenversicherung Bund erworben hat, verfügt ihr Ehemann über eine ausreichende Altersversorgung in Form von privaten Kapitallebensversicherungen. Im Rahmen der Ehescheidung möchte Anne O. verhindern, dass der öffentlich-rechtliche Versorgungsausgleich durchgeführt wird, da sie von ihren Rentenanwartschaften einen Teil auf das Rentenkonto ihres Mannes übertragen müsste. Sie hält die Durchführung des Versorgungsausgleiches für eine unzumutbare Härte, da ihr Ehemann ja bereits eine weit bessere Altersversorgung aufgebaut hat, an der Sie auf Grund der Gütertrennung nicht beteiligt ist. Ihr Ehemann ist der Auffassung, dass der öffentlich-rechtliche Versorgungsausgleich durchzuführen sei.

Durch die Einführung des Versorgungsausgleiches wollte der Gesetzgeber erreichen, dass Eheleute eine zumindest annähernd **gleichwertige Altersversorgung** aufbauen können, unabhängig davon, ob sie nun berufstätig sind oder nicht. Würde man im vorliegenden Fall den öffentlich-rechtlichen Versorgungsausgleich durchführen, hätte man genau das Gegenteil erreicht. Der ohnehin durch private Kapitallebensversicherungen ausreichend versorgte Ehemann würde noch aus den geringen Rentenanwartschaften seiner

Ehefrau Anteile erhalten, wodurch sich die Versorgung der Ehefrau weiter verschlechtert. Demnach wäre die Durchführung des Versorgungsausgleichs grob unbillig, so dass Anne O. verlangen kann, dass er ausgeschlossen wird.

IV. Verzicht auf Versorgungsausgleich

Der Gesetzgeber hat Eheleuten zwei Möglichkeiten eröffnet, Vereinbarungen über den Versorgungsausgleich zu treffen. Nach § 1408 Abs. 2 BGB kann ein Ehepartner per Vertrag den Versorgungsausgleich ausschließen; es muss dazu eine entsprechende **notarielle Urkunde** ausgefertigt werden. Eine solche Vereinbarung verliert allerdings ihre Wirksamkeit, wenn einer der Eheleute vor Ablauf der Jahresfrist nach Errichtung der notariellen Urkunde den Scheidungsantrag stellt.

> **Vorsicht:** Weiter sollte berücksichtigt werden, dass der Ausschluss oder Verzicht auf den Versorgungsausgleich **automatisch** zur **Änderung** des **Güterstandes** der Zugewinngemeinschaft führt. Vom Vertragsschluss an tritt Gütertrennung ein, es sei denn, in der notariellen Urkunde ist die Beibehaltung der Zugewinngemeinschaft ausdrücklich vereinbart. Da solche Verträge weitreichende finanzielle Konsequenzen nach sich ziehen, ist eine umfassende anwaltliche Beratung vor Unterzeichnung der notariellen Urkunde dringend erforderlich.

Darüber hinaus eröffnet § 1587 o BGB den Eheleuten die Möglichkeit, im Rahmen der Scheidung eine **Vereinbarung** über den **Versorgungsausgleich** bis hin zu einem Verzicht zu treffen. Ein Verzicht auf den Versorgungsausgleich ist z. B. dann sinnvoll, wenn der Verzichtende bereits über eine ausreichende Altersversorgung verfügt und auf die Übertragung der Rentenanwartschaften des anderen Ehepartners nicht angewiesen ist. Allerdings ist eine solche Vereinbarung von der **Genehmigung** des **Familiengerichts** abhängig. Das Gericht wird prüfen, ob eine ausreichende Versorgung des Berechtigten im Alter oder bei Erwerbsunfähigkeit gewährleistet ist. Dabei werden sowohl die Unterhaltsregelungen als auch die Vereinbarungen über die Vermögensauseinandersetzung mit berücksichtigt. Notfalls wird das Gericht gegen den Willen der Parteien den Versorgungsausgleich durchführen.

V. Versorgungsausgleich bei Ehen in den neuen Bundesländern

Da das DDR-Familiengesetz keinen Versorgungsausgleich vorsah, gilt der Versorgungsausgleich nicht bei Ehen, die in der früheren DDR geschlossen und bis zum 31. 12. 1991 dort geschieden wurden. Erst bei denjenigen Ehen in den neuen Bundesländern, die seit dem 31. 12. 1991 geschieden werden, findet der Versorgungsausgleich gem. §§ 1587 ff BGB statt. Ausnahmen sind im Artikel 234 § 6 Abs. 2 EG BGB aufgeführt.

Personen, die vor dem 18. 5. 1990 aus der ehemaligen DDR in die BRD übergesiedelt sind, fallen unter das so genannte **Fremdrentengesetz** (FRG).

Nach diesem sind bestimmte ausländische Beitragszeiten den deutschen Versicherungszeiten gleichgestellt; entsprechend gilt für diese Fälle ebenfalls § 1587 a Abs. 2 Nr. 2 BGB.

C. Scheidungsfolgen II: Scheidungsfolgen, die nicht zwingend von Amts wegen geregelt werden müssen

I. Sorgerecht

Bis zum 30. 6. 1998 war zwingend vorgeschrieben, dass im Scheidungsurteil die elterliche Sorge für die minderjährigen Kinder als Ehescheidungsfolgesachen mit geregelt werden musste, wenn aus der Ehe gemeinsame Kinder hervorgegangen waren. Mit der gesetzlichen Änderung ist die Entscheidung über die elterliche Sorge aus dem Zwangsverbund der Ehescheidung herausgenommen worden, das heißt, dass das Gericht sich nur noch auf **Antrag,** nicht mehr von Amts wegen mit der elterlichen Sorge befasst. Dem Antrag auf Übertragung der elterlichen Sorge wird stattzugeben sein, wenn erwartet werden kann, dass die Aufhebung der gemeinsamen Sorge und die Übertragung auf den antragstellenden Elternteil dem Wohl des Kindes am besten entspricht, § 1671 BGB:

§ 1671. Getrenntleben bei gemeinsamer elterlicher Sorge.

(I) Leben Eltern, denen die elterliche Sorge gemeinsam zusteht, nicht nur vorübergehend getrennt, so kann jeder Elternteil beantragen, dass ihm das Familiengericht die elterliche Sorge oder einen Teil der elterlichen Sorge allein überträgt.

(II) Dem Antrag ist stattzugeben, soweit

1. der andere Elternteil zustimmt, es sei denn, dass das Kind das 14. Lebensjahr vollendet hat und der Übertragung widerspricht, oder
2. zu erwarten ist, dass die Aufhebung der gemeinsamen Sorge- und die Übertragung auf den Antragsteller dem Wohl des Kindes am besten entspricht.

(III) Dem Antrag ist nicht stattzugeben, soweit die elterliche Sorge auf Grund anderer Vorschriften abweichend geregelt werden muss.

Für die Übertragung der elterlichen Sorge auf einen Elternteil allein ist es nun nicht mehr ausreichend, vorzutragen, dass wegen der dauernden Trennung eine Regelung der elterlichen Sorge erforderlich ist. Es ist vielmehr vom Gesetzgeber gewollt, dass **beide Eltern-**

teile auch nach Trennung und Scheidung die elterliche Sorge **gemeinsam** wahrnehmen. Einigen sich die Eltern, dass entweder Mutter oder Vater das Sorgerecht übernehmen, so ist auch nach dem geänderten Recht eine Übertragung der elterliche Sorge auf einen Elternteil unproblematisch (§ 1671 Abs. 2 Satz 1 BGB).

Ist das Sorgerecht für die minderjährigen Kinder jedoch im Streit zwischen den Elternteilen, so muss genau geprüft werden, ob die Aufhebung der gemeinsamen Sorge und die Übertragung auf den antragstellenden Elternteil dem **Wohl des Kindes** am besten entspricht. Im Grunde müssen zwei Fragen beantwortet werden:

- Wieso ist die gemeinsame Sorge für das Kindeswohl nachteilig?
- Warum dient die Übertragung der elterliche Sorge auf den antragstellenden Elternteil dem Kindeswohl am meisten?

Es müssen somit wirklich **triftige Gründe** vorliegen, aufgrund derer der andere Elternteil nicht in der Lage ist, die elterliche Sorge mit auszuüben. Insoweit kommt es immer auf den Einzelfall an. Wichtig an der neuen Regelung ist, dass nunmehr jeder Elternteil, bei dem sich das Kind mit Einwilligung des Anderen oder auf Grund einer gerichtlichen Entscheidung gewöhnlich aufhält, die Befugnis zur alleinigen Entscheidung der Angelegenheiten des täglichen Lebens hat. Damit sind in der Regel solche Angelegenheiten der täglichen Betreuung gemeint, die häufig vorkommen und keine schwerwiegenden Auswirkungen auf die Entwicklung des Kindes haben.

In wirklich bedeutsamen Angelegenheiten müssen beide Elternteile gemeinsam entscheiden, § 1687 Abs. 1 Satz 1 BGB:

Leben Eltern, denen die elterliche Sorge gemeinsam zusteht, nicht nur vorübergehend getrennt, so ist bei Angelegenheiten, deren Regelung für das Kind von erheblicher Bedeutung ist, ihr gegenseitiges Einvernehmen erforderlich.

Hiebei geht es um die Belange der Kindergarten-und Schulwahl, der Berufsausbildung, eines Auslandsaufenthaltes, etc., da diese Dinge Auswirkungen auf die Entwicklung des Kindes haben. Bei Gefahr im Verzug besteht nunmehr ein ausdrückliches **Alleinvertretungsrecht** jedes Elternteils, § 1629 Abs. 1 Satz 4 BGB. Jedes Elternteil kann in der konkreten Gefahrensituation alle Rechtshandlungen vornehmen, die dem Wohl des Kindes dienen. Er ist jedoch verpflichtet, dem anderen Elternteil umgehend Nachricht zu geben.

Im Falle der Trennung und Scheidung haben beide Elternteile einen Anspruch auf **Beratung** durch die Jugendämter oder andere Einrichtigungen. Die Beratung soll insbesondere helfen, Konflikte zu bewältigen und im Falle der Trennung oder Scheidung eine dem Kindeswohl entsprechende Regelung hinsichtlich der elterlichen Sorge zu treffen. Das Beratungsangebot enthält nunmehr auch eine angemessene Beteiligung der Kinder. Eine solche war im bisherigen Recht nicht ausdrücklich vorgesehen.

Nach wie vor werden die zuständigen Jugendämter über ein anhängiges Scheidungsverfahren informiert, jedoch nur um sicherzustellen, dass das Beratungsangebot den Eltern bekannt wird, wobei es keine Verpflichtung der Eltern gibt, das Beratungsangebot in Anspruch zu nehmen.

Beispiel: Erika B. aus Mönchgladbach ist seit einem Jahr von ihrem Ehemann getrennt. Sie lebt zusammen mit ihrem sechsjährigen Sohn Hendrik und der vierjährigen Tochter Sabine in ihrer eigenen Wohnung. Erika B. hat bereits das Scheidungsverfahren eingeleitet und beantragt die elterliche Sorge für die beiden Kinder für sich allein. Ihr Ehemann erklärt dem Gericht gegenüber dass er mit dieser Regelung einverstanden ist.

Das geänderte Recht will auf keinen Fall den Eltern die gemeinsame Sorge aufzwingen. Nach wie vor kann ein Elternteil die elterliche Sorge für sich beantragen. Erika B. wird die alleinige elterliche Sorge erhalten, allein schon deshalb, weil hier zwischen den Eheleuten Einvernehmen besteht und davon auszugehen ist, dass dies dem Wohl der Kinder entspricht.

Beispiel: Margret T. aus Köln lebt mit ihren beiden Söhnen Michael (7 Jahre) und Martin (8 Jahre) seit zwei Jahren in einer eigenen Wohnung. Das Scheidungsverfahren läuft noch. Während die Kinder in der Schule sind, geht Margret T. einer Aushilfstätigkeit als Verkäuferin nach. Sie holt die Kinder von der Schule ab und kümmert sich nachmittags um sie. Der Vater der Kinder ist selbständiger Versicherungskaufmann. Er hat sein Büro so organisiert, dass er morgens auswärtige Termine wahrnimmt und am Nachmittag einige Kunden zu sich nach Hause bittet. In seiner Wohnung hat er ebenfalls ein komplettes Kinderzimmer für die beiden Söhne eingerichtet. Beide Eheleute beantragen die elterliche Sorge für die beiden Kinder jeweils für sich allein.

Da beide Parteien die elterliche Sorge für sich allein beantragen, muss jede der Parteien einen gesonderten Antrag stellen und darlegen, dass die Aufhebung der gemeinsamen Sorge und die Übertragung auf den jeweiligen Partner dem Kindeswohl am besten entspricht.

Im Hinblick darauf, dass nunmehr der betreuende Elternteil alleine die Dinge des täglichen Lebens entscheiden kann, wird es bei dem geschilderten Fall schwierig sein, dass nur die Ehefrau das alleinige Sorgerecht erhält. Insbesondere ist zu berücksichtigen, dass es bisher dem Kindeswohl offensichtlich nicht geschadet hat, dass die Kinder zeitweise bei dem Vater, der ein Kinderzimmer eingerichtet hat, und zeitweise bei der Mutter leben. Sollte sich allerdings bei den Beratungsgesprächen im Jugendamt ergeben, dass das für die Ausübung der gemeinsamen Sorge erforderliche Mindestmaß an Einvernehmen zwischen den Eheleuten nicht zu erzielen ist, so dürfte dem Kindeswohl mit der Alleinsorge eines Elternteils besser gedient sein, als mit einer aufgezwungenen gemeinsamen Sorge. Können im vorliegenden Fall beide Parteien im Wesentlichen Einigungen über die Belange der Kinder erzielen, so dürften hier beide Anträge auf Übertragung der alleinigen elterlichen Sorge zurückgewiesen werden.

Beispiel: Michaela W. aus Duisburg und Ihr Ehemann Peter, beide Studenten der Sozialwissenschaften, haben sich einverständlich getrennt. Die vierjährige Tochter Vannessa lebt bei Michaela W. Der Ehemann Peter besucht seine Tochter täglich. Beide Elternteile haben den Wunsch, dass auch nach der durchzuführenden Scheidung das Sorgerecht bei beiden bleiben soll.

Im vorliegenden Falle sind sich beide Parteien einig, dass die elterliche Sorge gemeinsam ausgeübt werden kann. Nach dem geänderten Recht muss insoweit kein Antrag mehr gestellt werden. Das Gericht muss nicht mehr zwingend über die elterliche Sorge entscheiden. Beide Elternteile behalten die elterliche Sorge.

Sollte es **später** wegen der Belange der Kinder zu **erheblichen Problemen** zwischen den Elternteilen kommen, so besteht, auch nach dem geänderten Recht, die Möglichkeit einen entsprechenden Antrag auf Übertragung der elterlichen Sorge zu stellen. Ganz wichtig ist jedoch, dass nunmehr auch nur Teile der elterlichen Sorge, zum Beispiel das Recht der Schulwahl, auf den betreuenden Elternteil übertragen werden können.

Beispiel: Waltraud K. und ihr Ehemann Hans aus Oer-Erkenschwick haben sich bei der Scheidung dahingehend geeinigt, dass die elterliche Sorge für die Kinder Janick und Boris gemeinsam ausgeübt werden soll. Das Gericht musste daher über die elterliche Sorge nicht entscheiden. Einige Zeit nach der Ehescheidung schließt sich Hans K. einer religiös-fanatischen Sekte an und nimmt die beiden Kinder häufig zu Veranstaltungen dieser Sekte mit. Hans K. besteht darauf, dass die Kinder sich seinen neuen Lebensgewohnheiten anschließen. Waltraud K. ist entsetzt, weil sie die Lebensanschauung ihres geschiedenen Ehemannes nicht teilt und nicht wünscht, dass die Kinder unter den Einfluss einer Sekte geraten. Sie fragt, ob sie den Antrag stellen kann, dass ihr die alleinige elterliche Sorge übertragen wird.

Im vorliegenden Fall dürfte es der Kindesmutter gelingen, die alleinige elterliche Sorge zu erhalten, da die Fragen der zweistufigen Prüfung (siehe Seite 24) sicherlich zu ihren Gunsten beantwortet werden können. Die Aufhebung der gemeinsamen elterlichen Sorge entspricht deshalb dem Wohl der Kinder, weil hier die Gefahr besteht, dass die Kinder unter den Einfluss einer Sekte geraten und dies nicht mit dem **Kindeswohl** zu vereinbaren ist. Da hier mit einer teilweisen Übertragung des Sorgerechts den Kindern nicht gedient ist, wird in diesem Fall die elterliche Sorge ganz auf die Mutter übertragen werden. Vorausgesetzt ist natürlich, dass die Befürchtungen der Kindesmutter zutreffend sind. Bloße Behauptungen reichen nicht aus. Auch insoweit wird das Jugendamt die Elternteile beraten und auch ein entsprechendes Konzept vorschlagen, das dem Gericht als Entscheidungshilfe dienen kann.

1. Regelung der elterlichen Sorge für die Zeit des Getrenntlebens

Der geänderte § 1671 BGB gilt jetzt für alle Eltern, denen die elterliche Sorge gemeinsam zusteht. Die Vorschrift unterscheidet nicht mehr, wie das bisherige Recht, zwischen Getrenntleben und

Scheidung der Eltern. Es gelten daher die gleichen **Entscheidungskriterien.**

Beispiel: Bettina B. aus Wuppertal lebt von ihrem Ehemann seit drei Monaten getrennt. Mittlerweile wohnt sie mit ihrer kleinen Tochter Alexandra in Duisburg. In zwei Monaten möchte sie Alexandra in einer Waldorfschule anmelden. Der Ehemann ist mit dieser Regelung nicht einverstanden. Er möchte, dass seine Tochter in die nächstgelegene Grundschule geht.

Bettina B. muss hier einen Antrag auf Regelung der elterlichen Sorge beim zuständigen Familiengericht stellen. Um jedoch zu verhindern, dass ihr Antrag möglicherweise als unbegründet zurückgewiesen wird, ist eine umfangreiche Beratung durch einen Anwalt sowie das Jugendamt erforderlich. Möglicherweise reicht es in dem vorliegenden Fall aus, dass nur ein Teil der elterlichen Sorge übertragen wird, nämlich das Recht, die Schulwahl für die Tochter Alexandra zu treffen. Es gilt nicht mehr das „Alles oder Nichts"-Prinzip, da der Gesetzgeber nunmehr ausdrücklich eine Übertragung der elterlichen Sorge auch in Teilbereichen vorgesehen hat.

Zusammenfassend lässt sich daher feststellen, dass der Gesetzgeber mit der Neuregelung des Sorgerechts von getrenntlebenden oder geschiedenen Eheleuten grundsätzlich erwartet, dass diese das gemeinsame Sorgerecht ausüben und dazu auch größere Anstrengungen unternehmen als bisher. Nur in Ausnahmefällen soll im Hinblick auf das Wohl der Kinder das alleinige Sorgerecht auf einen Elternteil ganz oder teilweise übertragen werden.

2. Bestrebungen zum gemeinsamen Sorgerecht für nicht miteinander verheiratete Eltern

Auch das Sorgerecht für nicht miteinander verheiratete Eltern soll reformiert werden. Derzeitig sind nicht miteinander verheiratete Eltern nur dann gemeinsam sorgeberechtigt, wenn die Eltern vor einem Notar oder beim Jugendamt übereinstimmend eine so genannte Sorgeerklärung abgeben. Tun sie dies nicht, bleibt die Kindesmutter allein sorgeberechtigt.

Mit der derzeitig bestehenden Möglichkeit der so genannten **gemeinsamen Sorgeerklärung** besteht zwar die Möglichkeit einer gemeinsamen Sorge. Gegen den Willen der Mutter allerdings kann der Vater nicht sorgeberechtigt werden.

In Anbetracht der Tatsache, dass sich auch nicht verheiratete **Väter** immer mehr um ihre Kinder kümmern, gibt es gesetzliche Bestrebungen, dieses wachsende Engagement auch **rechtlich abzusichern.** Nach geltendem Recht ist es unerheblich, aus welchen Gründen die Mutter eine Sorgeerklärung ablehnt. Die Mutter kann daher derzeit eine Alleinsorge auch dann durchsetzen, wenn im konkreten Einzelfall die gemeinsame Sorge die für das Kind bessere Lösung wäre. Die gesetzlichen Bestrebungen stellen das Kindeswohl zum primären Abwägungskriterium. Es soll nicht mehr auf den Willen der Mutter ankommen. D. h., wenn eine gemeinsame Sorge für das Kind die beste Lösung wäre, dann muss der Vater auch gegen den Willen der Mutter daran beteiligt werden.

II. Umgangsrecht

1. Allgemeines

Nach dem geänderten Recht ist § 1626 BGB um einen Absatz 3 erweitert worden. Gegenüber der bisherigen Regelung wird erweiternd ausdrücklich klargestellt, dass zum Kindeswohl der Umgang mit beiden Elternteilen und anderen Personen, zu denen das Kind Bindungen besitzt, gehört. Wie schon bei der Regelung der elterlichen Sorge wird nicht mehr danach unterschieden, ob die Eltern miteinander verheiratet sind oder nicht. Es ist nunmehr in § 1684 BGB geregelt, dass das Kind ein Recht hat auf Umgang mit jedem Elternteil. Es besteht aber auch eine **Verpflichtung** jedes Elternteils, den **Umgang** mit dem Kind **wahrzunehmen.** Nach wie vor kann der Umfang des Umgangsrechtes durch das Familiengericht entschieden werden, § 1684 Abs. 3 BGB. Das Gericht kann auch Anordnungen aussprechen, dass die Eltern alles zu unterlassen haben, was das Verhältnis des Kindes zum jeweils anderen Elternteil beeinträchtigt oder die Erziehung erschwert, so genannte Wohlverhaltensklausel. Das Gericht kann jedoch auch zukünftig nicht Anordnungen treffen, die einen Elternteil verpflichten, von seinem Umgangsrecht Gebrauch zu machen.

Die **Häufigkeit** der **Besuchstage** ist nach wie vor gesetzlich nicht geregelt. Insoweit bleibt es bei der Abwägung, inwieweit ein Umgangsrecht zu bewilligen ist, bei den bisherigen Kriterien. Grundsätzlich steht jedem Elternteil ein unverzichtbares Besuchs- bzw. Umgangsrecht mit den Kindern zu. Sinn und Zweck dieser Vorschrift ist, dass der Elternteil, bei dem das Kind nicht lebt, den Kontakt zu den Kindern nicht verliert und die Möglichkeit hat, regelmäßig über das Befinden der Kinder informiert zu sein. Bei der Ausübung des Umgangsrechts wird allerdings nicht vorrangig das Elternrecht berücksichtigt, sondern vielmehr das Wohl der Kinder. Wie lange und wie häufig das Umgangsrecht zugestanden wird, hängt vorwiegend von dem Alter des Kindes und den Umständen des Einzelfalles ab. Allgemein wird davon ausgegangen, dass es dem Wohl des Kindes entspricht, einen engen Kontakt zu beiden Elternteilen zu haben. Es ist daher wünschenswert, wenn sich die **Eltern** ohne Einschaltung der Anwälte und Gerichte über das Umgangsrecht **einigen** können. Bei einem schulpflichtigen Kind befürwortet das Familiengericht üblicherweise den Umgang mit dem anderen Elternteil an jedem zweiten Wochenende in der Zeit von Freitagabend bis Sonntagnachmittag. Zusätzlich steht diesem jeweils der zweite der gesetzlichen Doppelfeiertage (Ostern, Pfingsten, Weihnachten), sowie ein Teil der Schulferien zu. Meistens wird vereinbart, dass der Elternteil, bei dem die Kinder nicht ihren gewöhnlichen Aufenthalt haben, die Kinder von der Wohnung des anderen Elternteils abholt und zwei Tage später wieder zurückbringt. Selbstverständlich kann dies auch anders gehandhabt werden, wobei die Umstände des Einzelfalles berücksichtigt werden sollten. Häufig kommt es zwischen den Elternteilen zu Überreaktionen, wenn sie sich in der vormals gemeinsamen Wohnung treffen. Es empfiehlt sich daher, die für alle Beteiligten am wenigsten belastende Möglichkeit auszuprobieren. Bei Kindern im Säuglingsalter wird üblicherweise nur ein stundenweises Umgangsrecht zugestanden, da es bei der Übernachtung in fremder Umgebung Probleme geben kann. Möglicherweise ist der Elternteil, bei dem das Kind nicht ständig lebt, auch mit der Pflege des Kindes wie z. B. Wickeln und Füttern überfordert.

Beispiel: Jutta M. aus Essen ist zusammen mit ihrem 14-jährigen Sohn Nicklas und der einjährigen Tochter Sarah aus der ehelichen Wohnung ausgezogen. Die Eheleute sind sich darüber einig, dass für den Fall der Scheidung Jutta M. das alleinige Sorgerecht erhalten soll. Der Kindesvater besteht jedoch auf ein geregeltes Umgangsrecht. Er möchte, dass beide Kinder jedes Wochenende in der Zeit von Freitagmittag bis Sonntagabend bei ihm verbringen. Der 14-jährige Sohn interessiert sich zunehmend für Mädchen seines Alters und hat keine Lust, jedes Wochenende seinen Vater zu besuchen. Die Tochter Sarah ist gesundheitlich sehr angegriffen, da sie unter Neurodermitis leidet. Jutta M. fragt, in welchem Umfang das Umgangsrecht zu gewähren ist.

Der Wille des Vaters, seine Kinder jedes Wochenende zu sehen, ist nur teilweise gerechtfertigt. Wie oben bereits dargelegt, kommt nur ein 14-tägiges Besuchsrecht in der Zeit von Freitag bis Sonntag in Betracht, es sei denn, es ergeben sich Umstände, die häufigeres Besuchsrecht angemessen erscheinen lassen. Da Nicklas bereits 14 Jahre alt ist, kommt es ganz entscheidend auf den Willen des Kindes an. Wünscht der Sohn häufigeren Kontakt zu seinem Vater, wird das Gericht diesen Wunsch bei seiner Entscheidung mit berücksichtigen. Das gilt auch, wenn Nicklas aus nachvollziehbaren Gründen den Kontakt eher einschränken möchte. Schwieriger zu entscheiden ist die Frage des Umgangsrechts in Bezug auf die kleine Sarah. Da sie erst ein Jahr alt ist, wird ein stundenweises Besuchsrecht an einem Wochenendtag entweder wöchentlich oder 14-tägig bewilligt werden. Bei Sarah sind jedoch besondere Umstände zu berücksichtigen, da sie an Neurodermitis erkrankt ist, was einen besonderen Pflegeaufwand erfordert. Zunächst ist zu prüfen, ob der Vater diesen leisten kann. Ist dies der Fall, kommt es weiter darauf an, ob sich die Ausübung des Umgangsrechts möglicherweise nachteilig auf den Krankheitsverlauf auswirkt. Im Zweifelsfall kann dies nur durch ein Sachverständigengutachten geklärt werden. Kommt der Sachverständige zu dem Ergebnis, dass sich die Ausübung des Besuchsrechts zumindest nicht nachteilig auswirkt, wird das Gericht das Umgangsrecht im oben beschriebenen Umfange bewilligen. Im anderen Fall wird das Gericht dagegen das Umgangsrecht ausschließen bzw. kürzen.

2. Beschützter Umgang

§ 1684 Abs. 4 Satz 3 und 4 BGB regelt nunmehr den beschützten Umgang. Das Gericht kann anordnen, dass der Umgang nur in Gegenwart eines Mitarbeiters des Jugendamtes oder eines mitwirkungsbereiten Dritten stattfindet. Dies gilt insbesondere in den Fällen, in denen mit **Kindesentführung** gerechnet werden muss. Der so genannte beschützte Umgang ist jetzt ausdrücklich geregelt worden. Damit wird deutlich, dass ein völliger Ausschluss des Umgangs nur in Betracht kommt, wenn auch ein beschützter Umgang nicht geeignet ist, dem Wohl des Kindes zu dienen. Es wird daher fortan sehr schwierig sein, den völligen Ausschluss des Umgangsrechtes zu erreichen. Diese Regelung kann sich sehr nachteilig für die Kindesmutter, bei der die Kinder leben, auswirken. Es kann auch nicht dem Wohl des Kindes entsprechen, in einer angespannten Situation dem Kindesvater zu begegnen. Nach bisherigem Recht war ein solch beschützter Umgang nach Absprache mit den Eltern bereits möglich. Die Erfahrung hat jedoch gezeigt, dass schon in der Vergangenheit die Jugendämter überlastet waren. Da nach dem geänderten Recht mit einer Flut von weiteren Anträgen zu rechnen ist, ist nicht davon auszugehen, dass die Jugendämter zukünftig in der Lage sein werden, ordnungsgemäß den Umgang zu begleiten, insbesondere an den Wochenenden.

Beispiel: Ilona B. aus Duisburg ist mit einem ausländischen Staatsbürger verheiratet. Aus der Ehe sind die beiden dreijährigen Zwillinge Sophie und Isabelle hervorgegangen. Der Ehemann ist äußerst brutal und gewalttätig. Er hat die Ehefrau bereits mehrfach körperlich misshandelt. Die Ehefrau hat bei der Trennung beide Kinder mitgenommen und lebt jetzt in einem Frauenhaus. Der Ehemann hat massiv gedroht, die Kinder bei nächster Gelegenheit zu entführen und in sein Heimatland zu verbringen. Er selber hat auch keine Bindung mehr an Deutschland. Der Ehemann hat einen Antrag an das zuständige Familiengericht gestellt, seine Kinder regelmäßig jeden Samstag zwischen 10:00 und 15:00 Uhr zu sehen.

Nach bisherigem Recht gab es die Möglichkeit, bei einem solchen Fall das Umgangsrecht des Vaters völlig zu unterbinden. Nach dem geänderten Recht gibt es die Möglichkeit des beschützten Umgangs, wonach angeordnet werden kann, dass der Kindesvater seine beiden Kinder wöchentlich oder 14-tägig unter Aufsicht des Jugendamtes besuchen kann. Leider ist hier die Frage nicht geregelt worden, wie die Kindesmutter und die Kinder auf dem Weg zum Jugendamt und auf dem Rückweg geschützt werden können. Auch insoweit bleibt eine Umgangsregelung sehr problematisch.

Nach der Kindschaftsrechtsreform kann das Umgangsrecht auch für **Großeltern, Geschwister, Stiefelternteile** und **Pflegepersonen** bewilligt werden (§ 1685 BGB). Das Umgangsrecht wurde allerdings begrenzt auf solche Personen, die dem Kind besonders nahe stehen. Auch hier ist Voraussetzung, dass der Umgang mit diesen dritten Personen dem Kindeswohl dient.

Beispiel: Die Ehe von Heike und Peter D. aus Mülheim ist geschieden worden. Nach übereinstimmendem Willen der Elternteile ist das Sorgerecht für den 10-jährigen Sohn Dennis und für die 6-jährige Tochter Jessika der Kindesmutter übertragen worden. Der Vater kann seine Kinder regelmäßig besuchen. Die Kindesmutter ist jedoch nicht damit einverstanden, dass ihre Schwiegereltern die Kinder regelmäßig sehen, da es persönliche Auseinandersetzungen zwischen der Kindesmutter und den Großeltern gegeben hat.

Die Großeltern Herbert und Uschi G. aus Essen-Dellwig beantragen nunmehr ein 14-tägiges Umgangsrecht mit ihren beiden Enkelkindern bei dem zuständigen Familiengericht.

Im Zuge der Kindschaftsrechtsreform steht jetzt den Großeltern ein Umgangsrecht zu. Inwieweit ein solches zu bewilligen sein wird, hängt auch wieder mit dem Wohl der Kinder zusammen. Möglicherweise entspricht es dem **Kindeswohl** einen engen Kontakt zu den Großeltern aufrecht zu erhalten. Auch hier kommt es wieder auf den Einzelfall an. Persönliche Querelen zwischen der Kindesmutter und ihren Schwiegereltern sind nicht von Belang. Haben die Kinder bis zur Trennung bzw. Scheidung der Eltern einen engen Kontakt zu den Großeltern gehabt, wird das Familiengericht den Antrag der Großeltern Herbert und Uschi G. auf Umgangsrecht bewilligen.

Eine weitere Änderung ist, dass zum persönlichen Umgang auch **Briefkontakte** und **Telefongespräche** gehören. Auch insoweit können durch das Familiengericht Anordnungen getroffen werden.

3. Vermittlungsverfahren

Ist bereits eine gerichtliche Entscheidung über das Umgangsrecht mit den minderjährigen Kindern getroffen worden, so hat sich in der Praxis gezeigt, dass diese Vereinbarungen häufig sehr schwer durchzusetzen sind. Insoweit soll das neue gerichtliche Vermittlungsverfahren hilfreich sein. Ein Elternteil kann gem. § 52 a Gesetz über die Angelegenheit der freiwilligen Gerichtsbarkeit (FGG) den **Antrag** auf Durchführung des Vermittlungsverfahrens stellen. Das Gericht klärt die Eltern darüber auf, welche Folgen es für das Wohl der Kinder haben kann, wenn ein Umgangsrecht nicht praktiziert wird. Es kann hier auch auf die Möglichkeit von Zwangsmitteln hinweisen. Kommt es in diesem Verfahren zu einer Einigung, kann diese als Vergleich protokolliert werden. Ist eine Einigung nicht zu erzielen, kann das Gericht entscheiden, ob nunmehr Zwangsmittel eingesetzt werden oder Änderungen der Umgangsregelungen angeordnet werden müssen.

4. Gesetzesänderung zu Gunsten des biologischen Vaters

Hinsichtlich des Abstammungs-, Sorge- und Umgangsrechtes hat es eine Gesetzesänderung bzgl. des biologischen Vaters gegeben. Der biologische Vater ist derjenige, von dem ein Kind biologisch abstammt. Im Rechtssinne ist er aber nicht der Vater des Kindes. Nach dem Gesetz gilt der Ehemann der Mutter oder der Mann, der die Vaterschaft anerkennt, als Vater des Kindes. Der biologische Vater war nach bisherigem Recht praktisch außen vor.

Aufgrund eines vor dem Bundesverfassungsgericht verhandelten Falles musste das Gesetz geändert werden. In diesem Fall hatte eine verheiratete Mutter während der Ehe ein Kind bekommen, dass nicht vom Ehemann, sondern von einem anderen Mann abstammte. Der biologische Vater hatte etwa drei Jahre Kontakt zu dem Kind und übernahm auch teilweise dessen Betreuung. Die Mutter und ihr Ehemann lebten zu diesem Zeitpunkt getrennt. Dann aber versöhnten sich die Ehegatten und verwehrtem dem biologischen Vater jeden weiteren Kontakt mit dem Kind. Der biologische Vater ließ die Angelegenheit vom Bundesverfassungsgericht überprüfen, weil ihm nach damaligem Recht weder ein Recht zur Anfechtung der Vaterschaft noch ein Umgangsrecht mit dem Kind zustand. Das Bundesverfassungsgericht gab ihm recht.

Daraufhin wurde das Gesetz wie folgt geändert:

Der biologische Vater kann nun unter bestimmten Voraussetzungen die **Vaterschaft anfechten.** Und zwar dann, wenn zwischen dem Kind und dem rechtlichen Vater keine familiäre Beziehung besteht. Die Rechte des biologischen Vaters sind daher nach wie vor eingeschränkt, allerdings steht hier das Kindeswohl im Vordergrund, so dass auch die neue Gesetzeslage nicht eine funktionierende Vater-Kind-Beziehung durch eine Anfechtung des biologischen Vaters zerstören will.

Allerdings ist mit der Gesetzesänderung, das Recht auf Umgang mit dem biologischen Vater erheblich ausgeweitet worden. Dies bedeutet, dass selbst wenn eine Anfechtung der Vaterschaft nicht möglich ist, dem biologischen Vater ein **Recht** auf **Umgang** mit dem Kind zusteht. Dies ist z. B. möglich, wenn der biologische Vater und das Kind längere Zeit zusammengelebt haben.

Aber nicht nur der biologische Vater hat nunmehr ein Recht auf Umgang, auch **andere Bezugspersonen** des Kindes, zum Beispiel Stiefeltern, ehemalige Lebensgefährten der Mutter, Tanten und Onkel des Kindes, können mit der neuen Gesetzesregelung ein Umgangsrecht begründen. D.h. Umgangsrechte sind nicht mehr auf bestimmte Personengruppen wie z.B. Eltern, Großeltern oder Geschwister des Kindes beschränkt. Das Kind soll den Kontakt zu solchen Personen aufrechterhalten können, zu denen es gewachsene Bindungen besitzt, die für seine weitere Entwicklung bedeutsam sind. Ausschlaggebend ist daher nicht mehr die formale Rechtsstellung der Personengruppe zum Kind, sondern immer das Kindeswohl.

III. Unterhalt

Im Rahmen des Scheidungsverfahrens können auch der nacheheliche Ehegatten- und der Kindesunterhalt geregelt werden. Das ist häufig deshalb erforderlich, weil derjenige, der Unterhalt zahlen muss, der so genannte Unterhaltsschuldner seinen Zahlungsverpflichtungen nicht, nicht in ausreichendem Maße oder nicht pünktlich nachkommt. Selbstverständlich können sich die Parteien – wesentlich kostengünstiger – auch außergerichtlich einigen.

Kindes- und Ehegattenunterhalt sind nicht erst nach rechtskräftiger Scheidung, sondern auch schon während der gesamten **Trennungszeit** zu zahlen. Um eine Inverzugsetzung zu erreichen, sollte der Ehemann schnellstmöglich ab der Trennung aufgefordert werden, Auskunft über sein Nettoeinkommen zu erteilen und Kindes- bzw. Trennungsunterhalt zu zahlen. Wird der Ehemann nicht schriftlich aufgefordert, seinen Unterhaltsverpflichtungen nachzukommen, riskiert die Ehefrau, dass für die zurückliegende Zeit Unterhaltsansprüche mangels Inverzugsetzung nicht durchgesetzt werden können.

1. Kindesunterhalt für minderjährige Kinder

Grundsätzlich hat derjenige Elternteil den Kindesunterhalt zu zahlen, bei dem die Kinder nicht leben. Der andere Elternteil kommt seiner Unterhaltsverpflichtung durch **Naturalleistungen** in Form von Verpflegung und persönlicher Betreuung nach. Auch heute noch sind es in der Regel die Frauen, welche die Betreuung der Kinder übernehmen, wovon auch im Folgenden ausgegangen wird. Selbstverständlich gibt es auch den umgekehrten Fall.

a) Ermittlung des Nettoeinkommens. Die Höhe des Kindesunterhalts richtet sich zum einen nach dem unterhaltsrelevanten Nettoeinkommen des Unterhaltspflichtigen sowie nach dem Alter des Kindes, da sich mit höherem Alter auch der Unterhaltsbedarf erhöht. Einige Oberlandesgerichte in Deutschland haben Tabellen entwickelt, mit deren Hilfe sich der Kindesunterhalt berechnen lässt. Überwiegend wird nach der so genannten **Düsseldorfer Tabelle** (DT – Anhang S. 127) vorgegangen, wenn auch mit einigen Abweichungen.

Seit einigen Jahren ist die Düsseldorfer Tabelle Ergebnis von Koordinierungsgesprächen, die zwischen Richtern der Familiensenate der Oberlandesgerichte Düsseldorf, Köln und Hamm, sowie der Unterhaltskommission des deutschen Familiengerichtstages e. V. unter Berücksichtigung des Ergebnisses einer Umfrage bei allen

Oberlandesgerichten stattgefunden haben. Die DT wird regelmäßig alle 2 Jahre aktualisiert. Derzeitig hat die DT den Stand vom 1. 7. 2005. Die DT hat 13 Einkommensgruppen und 4 Altersstufen.

- **Einkünfte aus nichtselbständiger Tätigkeit:** Zum anrechenbaren Nettoeinkommen des Unterhaltspflichtigen gehören grundsätzlich alle Einkünfte z. B. aus nichtselbständiger Arbeit wie Gehalt und Lohn von Angestellten und Arbeitern, aus gewerblicher Tätigkeit, z. B. Einkünfte eines selbständigen Handwerkers oder Unternehmers, oder aus freiberuflicher Tätigkeit, z. B. Einkünfte der Tätigkeit eines Anwalts, Arztes oder Steuerberaters. Zum Einkommen zählen auch Einkünfte aus Vermietung und Verpachtung und Kapitalvermögen sowie Renten- und Arbeitslosengeld. Erzielt der Unterhaltspflichtige Einkünfte aus nichtselbständiger Arbeit, so hat er grundsätzlich die letzten 12 Gehaltsabrechnungen vorzulegen. Den Gehaltsabrechnungen können das Urlaubs-, Weihnachtsgeld und die Arbeitgeberanteile für die vermögenswirksamen Leistungen sowie die Überstunden entnommen werden. Diese werden mit den Nettobeträgen auf das Jahr umgelegt, so dass das durchschnittliche monatliche Nettoeinkommen errechnet werden kann.
  Jubiläumszahlungen, Tantiemen und Abfindungen werden ebenfalls berücksichtigt.

- **Spesen:** Zum unterhaltsrelevanten Einkommen gehören auch Spesen und Reisekosten, die durch Geschäfts- und Dienstreisen veranlasst werden. Dabei ist zwischen steuerpflichtigen und steuerfreien Spesen zu unterscheiden.
  Steuerpflichtige Spesen sind grundsätzlich unterhaltsrelevantes Einkommen. Sie sind deswegen steuerpflichtig, da zu vermuten ist, dass ein finanzieller Aufwand des Arbeitnehmers dem nicht gegenübersteht. Werden allerdings tatsächliche Aufwendungen vorgenommen, können diese dann in Abzug gebracht werden. Allerdings müssen diese bewiesen werden.
  Bei steuerfreien Spesen wird vermutet, dass dem Arbeitnehmer entsprechende Aufwendungen gegenüberstehen. Es bleibt zu berücksichtigen, dass die Spesen auslösende Arbeitstätigkeit im Regelfall zu einer Ersparnis bei den privaten Lebenshaltungskos-

ten führt. Diese Ersparnis wiederum ist geeignet, als unterhaltsrechtlich relevantes Einkommen bewertet zu werden. Nach den meisten Leitlinien der Oberlandesgerichte wird diese Ersparnis mit einem Drittel der steuerfreien Spesen in Ansatz gebracht.

- **Trinkgelder:** Auch Trinkgelder sind grundsätzlich unterhaltsrelevantes Einkommen und unterliegen der gerichtlichen Schätzung gem. § 287 ZPO. Üblicherweise wird von einem Betrag zwischen 100,00 € und 250,00 € ausgegangen.
- **Sachbezüge:** Auch Sachbezüge sind als Einkommen anzusehen. Sie sind mit dem Betrag zu bewerten, der für eine vergleichbare Ware oder Leistung üblicherweise zu zahlen ist. Der häufigste Fall eines Sachbezugs ist die kostenlose Überlassung eines Firmenfahrzeuges für private Zwecke durch den Arbeitgeber. Dieser Sachbezug ist einkommenserhöhend zu berücksichtigen.
  Allerdings ist der Sachbezug dahingehend zu mindern, dass die Überlassung eines Kraftfahrzeugs in den Verdienstbescheinigungen mit dem steuerrechtlich maßgebenden Nutzungswert als Einkommen ausgewiesen ist. Dies bedeutet, dass dieser Sachwertvorteil in den meisten Fälen mit 1 % des Anschaffungswertes versteuert wird. Nichtsdestotrotz wird mit der Nutzung des PKWs für private Zwecke ein tatsächlicher Einkommenszuwachs angenommen, der es rechtfertigt, einen zu schätzenden Nutzungswert dem Einkommen hinzuzurechnen, da entsprechende Aufwendungen wie beispielsweise Werkstattkosten, Benzin sowie Versicherungsbeiträge eingespart werden.
- **Abfindungen:** Abfindungen, die als Übergangsgeld oder als Übergangsbeihilfe bei der Entlassung aus einem Dienst- oder Arbeitsverhältnis gezahlt werden, haben Lohnersatzfunktionen und sind ebenfalls Einkünfte. Sie sind zeitlich so zu verteilen, dass der angemessene Bedarf des Berechtigten und des Verpflichteten in bisheriger Höhe sichergestellt wird. Allerdings braucht die Abfindung nicht dafür eingesetzt zu werden, um den nach den ehelichen Lebensverhältnissen bemessenen Unterhaltsbedarf zu erhöhen. Dies bedeutet auch, dass bei einer früheren Beendigung der Arbeitslosigkeit als vermutet, der verbliebene Teil der Abfindung nicht dem neuen Arbeitseinkommen hinzugerechnet wird,

sondern dem Unterhaltspflichtigen als gewöhnliches Vermögen verbleibt.

Zusammenfassend bleibt zu erwähnen, dass die Beurteilung der Angemessenheit des Umlegungszeitraumes sich

- auf die Höhe der Abfndung,
- der Prognose der Beschäftigungschance des Unterhaltsverpflichteten und
- den Interessen des Unterhaltsberechtigten richtet. Gilt es als sicher, dass der Unterhaltsverpflichtete in absehbarer Zeit eine neue Beschäftigung finden wird, wird es angebracht sein, die Abfindung auf einen kürzeren Zeitraum zu verteilen, um den Unterhalt in bisheriger Höhe sicherzustellen. Sind die Beschäftigungschancen des Unterhaltsverpflichteten demgegenüber eher kritisch einzuschätzen, beispielsweise aufgrund des Alters bzw. Qualifikationen, ist es gerechtfertigt, die Abfindung über einen längeren Zeitraum von etwa 3–4 Jahren umzurechnen.

Von dem ermittelten durchschnittlichen Nettoeinkommen kann der Unterhaltspflichtige so genannte **berufsbedingte Aufwendungen** abziehen. Im Geltungsbereich des jeweiligen Oberlandesgerichtes darf eine Pauschale in Höhe von 5 % des Nettoeinkommens, mindestens 50,00 €, bei geringfügiger Teilzeitarbeit auch weniger und höchstens 150,00 € monatlich veranschlagt werden. Will der Unterhaltsschuldner höhere berufsbedingte Aufwendungen geltend machen, so muss er diese im Einzelnen anhand von Belegen nachweisen.

Andere Oberlandesgerichte (z. B. OLG Hamm) berücksichtigen lediglich konkrete berufsbedingte Aufwendungen, wenn diese belegt werden können.

- **Einkünfte aus selbständiger Tätigkeit:** Erzielt der Unterhaltspflichtige Einkünfte aus selbständiger, wie gewerblicher oder freiberuflicher Tätigkeit, so hat er die **Bilanzen** bzw. **Einnahme-Überschussrechnungen** der letzten drei Jahre vorzulegen. Anhand der ausgewiesenen Gewinne ermittelt man hier das durchschnittliche monatliche Nettoeinkommen; zuvor müssen selbstverständlich die anfallenden Steuerbeträge sowie die Beträge für die Krankenversicherung und die Altersvorsorge abgezogen werden. Allerdings kann sich der selbständige Unterhaltspflichtige nicht noch einmal berufsbedingte Aufwendungen anrechnen lassen, da diese bereits in den Bilanzen bzw. Überschussrechnungen berücksichtigt worden sind. Will der Unternehmer z. B. KFZ-Kosten unterhaltsmindernd in Abzug bringen, so wird man ihn darauf aufmerksam machen müssen, dass diese bereits als Kostenposition in die Bilanz bzw. Überschussrechnung eingegangen sind und den Gewinn entsprechend gemindert haben.

Wichtig: Es ist durchaus möglich, dass Bilanzen aus steuerrechtlicher Sicht keinen oder nur einen geringen Gewinn ausweisen. Dies sagt noch nichts über die Höhe des Einkommens aus, denn bestimmte Positionen in der Bilanz wie z. B. Rückstellungen oder Abschreibungen, wirken sich nicht in jedem Fall unterhaltsmindernd aus.

In manchen Fällen müssen **gewinnmindernde Positionen,** die steuerrechtlich zulässig sind, dem Nettoeinkommen wieder hinzu gerechnet werden, weil sie unterhaltsrechtlich anders zu beurteilen sind. So ist es zum Beispiel steuerrechtlich durchaus erlaubt, Rückstellungen für Renovierungskosten zu bilden und auf diese Art und Weise den Gewinn zu mindern. Dies darf jedoch nicht zu einer Kürzung des Unterhalts führen. Auch **Abschreibungen** für **Anlagegüter** sind nicht in jedem Fall unterhaltsmindernd.

Dies gilt insbesondere dann, wenn für einen Betrieb luxuriöse Ausstattungen, Kunstgegenstände oder Ähnliches angeschafft werden. Solche Positionen müssen daher dem in der Bilanz ausgewiesenen Gewinn hinzugerechnet werden. Aus diesem Grunde hat der oder die Unterhaltsberechtigte Anspruch darauf, dass ihr die Bilanzen bzw. Einnahme- Überschussrechnungen vorgelegt werden. Das Vorlegen der Einkommensteuerbescheide ist nicht ausreichend.

- **Sonstige Einkünfte:** Andere Einkommensarten, z. B. Einkünfte aus Vermietung und Verpachtung, aus Kapitalvermögen sowie Renten- und Arbeitslosengeld, müssen ebenfalls sorgfältig ermittelt werden. Der Unterhaltspflichtige muss geeignete Unterlagen, aus denen die Einkünfte hervorgehen, vorlegen. Bei Kapitalvermögen sowie Einkünften aus Vermietung und Verpachtung sind dies in der Regel die Einkommensteuererklärung nebst den speziellen Anlagen (Anlage K und Anlage V). In den übrigen Fällen sind die entsprechenden Bewilligungs- bzw. Leistungsbescheide ausschlaggebend.

- **Wohnwertvorteil:** Einkommenserhöhend ist auch der so genannte Wohnwertvorteil. Die Nutzung einer Immobilie als Ehewohnung ist bei der Unterhaltsberechnung zu berücksichtigen, da die Vorteile des Bewohnens eines eigenen Hauses oder einer Eigentumswohnung sich in einer Ersparnis von Kosten, nämlich Miete, auswirkt. Voraussetzung dafür ist, dass die Immobilie den Eheleuten gemeinsam oder aber nur einem Ehepartner gehört, da erst durch das Eigentum der Wohnwertvorteil zur Vermögensnutzung wird.
  Lebt der Unterhaltspflichtige in der Immobilie ist der Wohnwertvorteil bei der Bedarfsermittlung insofern in Ansatz zu bringen, als dieser das Nettoeinkommen des Unterhaltsverpflichteten fiktiv erhöht.
  Bei der Berechnung des Wohnwertvorteils gibt es unterschiedliche Betrachtungen, je nachdem, ob es sich um einen Wohnwertvorteil in der Trennungssituation oder aber nach Scheidung handelt. Während in der Trennungssituation ein Wohnwertvorteil mit der angemessenen Marktmiete für eine alleinstehende Person in Ansatz gebracht wird, ist bei dem Wohnwertvorteil nach Ehescheidung die ortsübliche Marktmiete für das Objekt anzusetzen.
  Bleibt der Unterhaltsverpflichtete in der vormaligen Ehewohnung oder in dem gemeinsamen Haus der Eheleute wohnen, wird dieser Wohnwertvorteil die Leistungsfähigkeit erhöhen mit der Folge, dass der Unterhaltsschuldner nicht damit gehört werden kann, sein Selbstbehalt bzw. der Bedarfskontrollbetrag sei nicht gewahrt, weil er tatsächlich weniger Geld zur Verfügung hat als der Betrag, nach dem der Unterhalt berechnet wird. Der Wohnwertvorteil ist fiktives Einkommen.
  Bleibt der Unterhaltsberechtigte in der Ehewohnung wohnen, vermindert der Wohnwertvorteil den Unterhaltsanspruch, da dieser Wohnwertvorteil als fiktives Einkommen beim Unterhaltsberechtigten in Ansatz gebracht wird.

Selbstverständlich ist der Wohnwertvorteil um die tatsächlich anfallenden monatlichen Belastungen wie Zins- und Tilgungsleistungen bzw. Wohngeld bei Eigentumswohnungen zu kürzen.

Von dem gesamten durchschnittlichen monatlichen Nettoeinkommen kann der Unterhaltspflichtige **Aufwendungen** für **gemeinsame Schulden** abziehen. Dazu zählen insbesondere die monatlichen Raten zur Rückführung eines gemeinsamen Darlehens, z. B. für die Anschaffung von Möbeln für die eheliche Wohnung.

Nach Abzug dieser Kosten spricht man von dem so genannten **anrechenbaren Einkommen** des Unterhaltsverpflichteten.

b) Berechnung des Kindesunterhalts.

Beispiel: Hedda E. aus Münster lebt mit ihrer fünfjährigen Tochter Michelle und dem achtjährigen Sohn Markus seit 11 Monaten von ihrem Mann getrennt in einer eigenen Wohnung. Das Scheidungsverfahren soll demnächst eingeleitet werden. Der Ehemann erzielt als kaufmännischer Angestellter ein durchschnittliches monatliches Nettoeinkommen in Höhe von 2300,00 €. Hedda E. fragt nach der Höhe des Kindesunterhalts.

Zunächst einmal muss das so genannte anrechenbare Nettoeinkommen des Unterhaltspflichtigen, wie in den vorangegangenen Abschnitten beschrieben, festgestellt werden, um dann anhand der in Frage kommenden Unterhaltstabelle die entsprechende **Einkommenstufe** zu ermitteln. Im vorliegenden Beispiel ist Herr E. nach der Düsseldorfer Tabelle der Einkommensgruppe 6 zuzurechnen. Anschließend werden die Kinder je nach Alter einer der 4 **Altersstufen** zugeordnet. Es gibt folgende Altersstufen:

- 0 bis fünf Jahre,
- 6 bis 11 Jahre,
- 12 bis 17 Jahre und
- ab 18 Jahre.

Entsprechend ist die Tochter Michelle in die erste, der Sohn Markus in die zweite Altersstufe einzuordnen. Anhand der Einkommensgruppe und der Altersstufe kann jetzt der Kindesunterhalt errechnet werden. Dabei ist zu berücksichtigen, dass die Tabelle monatliche **Unterhaltsrichtsätze** aufweist, die von dem Fall ausgehen, dass der Unterhaltspflichtige einem Ehepartner und zwei Kindern Unterhalt zu gewähren hat. Da dieser Fall bei Familie E. zutrifft, beträgt der Kindesunterhalt für die Tochter Michelle 276,00 €, für den 8-jährigen Sohn Markus 334,00 €. Je nach Anzahl der Personen, denen Unterhalt geleistet werden muss, kommt es zu einer Einstufung in eine niedrigere bzw. höhere Einkommensgruppe. Weiter ist zu berücksichtigen, wer vom Ehepaar E. das Kindergeld erhält.

c) Kindergeld. Der Staat unterstützt die Eltern finanziell durch Zahlungen von Kindergeld nach den Vorschriften des Bundeskindergeldgesetzes (BKGG). Die Dauer ist grundsätzlich bis zum 16. Geburtstag des Kindes beschränkt, es sei denn, das Kind befindet sich nach diesem Zeitpunkt in einer Schul- oder Berufsausbildung oder leistet ein freiwilliges soziales Jahr ab. Anspruch auf Kindergeld besteht auch dann, wenn das Kind an einer Behinderung leidet und durch diese für den eigenen Lebensunterhalt nicht sorgen kann.

Es gelten folgende Kindergeldbeträge:
1. Kind 154,00 €,
2. Kind 154,00 €,
3. Kind 154,00 €,
ab dem 4. Kind 179,00 €.

Zum überwiegenden Teil wird das Kindergeld monatlich von der Kindergeldkasse des Arbeitsamtes ausgezahlt. Teilweise läuft die **Abwicklung** auch über den Arbeitgeber.

§ 1612 b Abs. 1 BGB sieht vor, dass die **Anrechnung** des Kindergeldes unterbleibt, soweit der Unterhaltspflichtige nicht in der Lage ist, zumindest den Richtsatz der 6. Einkommensgruppe abzüglich hälftigem Kindergeld zu zahlen. Der Richtsatz der 6. Einkommensgruppe der Düsseldorfer Tabelle 2100,00 € bis 2300,00 € entspricht 135 % des Regelbetrages nach der Regelbetragsverordnung. Der Regelbetrag wiederum ist identisch mit der ersten Einkommensgruppe der Düsseldorfer Tabelle (bis 1300,00 €). Sinn der Regelung ist, dass die Kinder bis zur sechsten Einkommensgruppe einen einheitlich hohen Unterhalt erhalten, unabhängig vom jeweiligen Einkommen des Unterhaltsverpflichteten, da diese Unterhaltshöhe in der jeweiligen Altersstufe als Existenzminimum eines Kindes gilt. Dabei hat man nicht etwa die Unterhaltsbeträge in den Stufen eins bis sechs der Düsseldorfer Tabelle angehoben, sondern kommt über eine anteilige Verrechnung des Kindergeldes – für den Staat deutlich günstiger – zum selben Ergebnis.

Die anzurechnenden Beträge ergeben sich aus der **Kindergeldverrechnungstabelle** siehe Seite 133.

Im vorliegenden Fall erhält die

Tochter Michelle	276,00 €	
abzüglich	77,00 €	anteiliges Kindergeld
	199,00 €	
und der		
Sohn Markus	334,00 €	
abzüglich	77,00 €	anteiliges Kindergeld
	257,00 €	

Abwandlung des Beispiels: Der unterhaltsverpflichtete Vater der Kinder Michelle und Markus verdient monatlich zwischen 1700,00 € und 1900,00 € ist also der 4. Einkommensgruppe der Düsseldorfer Tabelle zuzuordnen, so dass Michelle 247,00 € und Markus 299,00 € erhält. Nunmehr ist lediglich anteiliges Kindergeld für die Tochter Michelle in Höhe von 48,00 € und für den Sohn Markus in Höhe von 42,00 € in Abzug zu bringen. (siehe Kindergeldverrechnungstabelle Seite 133.)

d) Selbstbehalt. Dem Unterhaltsverpflichteten ist ein gewisser Betrag zu belassen, damit er seinen Lebensunterhalt bestreiten kann. Dabei handelt es sich um den so genannten Selbstbehalt. Dieser ändert sich ebenfalls mit Aktualisierung der Düsseldorfer Tabelle, da somit den veränderten Lebensverhältnissen Rechnung getragen wird.

Der Selbstbehalt ist nach der neuen Düsseldorfer Tabelle ab dem 1. 7. 2005 wie folgt festgesetzt worden:

- Bei **nichterwerbstätigen** Unterhaltspflichtigen: monatlich 770,00 €
- Bei **erwerbstätigen** Unterhaltspflichtigen: monatlich 890,00 €

In dem Selbstbehalt sind 360,00 € für **Unterkunft** einschließlich umlagefähiger Nebenkosten und Heizung enthalten.

Der Selbstbehalt kann angemessen **erhöht** werden, wenn dem Unterhaltspflichtigen Kosten entstehen, die nicht vermeidbar sind.

Allerdings bedarf dies grundsätzlich einer Einzelfallüberprüfung. Eine maßvolle Erhöhung des Selbstbehaltes hat der BGH beispielsweise angenommen, bei der Ausübung des Umgangs eines barunterhaltspflichten Elternteils mit seinem Kind, wenn dem Unterhaltspflichtigen das anteilige Kindergeld gem. § 1612 b Abs. 5 BGB ganz oder teilweise nicht zugute kommt und er die Kosten nicht aus den Mitteln bestreiten kann, die ihm über den notwendigen Selbstbehalt hinaus verbleiben.

Da das Unterhaltsrecht dem Unterhaltspflichtigen nicht die Möglichkeit nehmen darf, sein **Umgangsrecht** zur Erhaltung der Eltern-Kind-Beziehung auszuüben, sind die damit verbundenen **Kosten** konsequenterweise unterhaltsrechtlich zu berücksichtigen, wenn und soweit sie nicht anderweitig, insbesondere nicht aus dem anteiligen Kindergeld, bestritten werden können. Eine Anwendung des § 1612 b Abs. 5 BGB, nach der eine Anrechnung des Kindergeldes ganz oder teilweise unterbleibt, so weit der Unterhaltspflichtige außer Stande ist, Unterhalt in Höhe von 135 % des Regelbetrages nach der Regelbetragsordnung zu leisten, hat zur Folge, dass dem barunterhaltspflichtigen Elternteil hierdurch mithin keine finanzielle Entlastung hinsichtlich der durch die Ausübung des Umgangsrecht entstehenden Kosten gewährleistet wird.

e) Berechnung des Kindesunterhaltes in Mangelfällen. Reicht das Einkommen des Unterhaltspflichtigen unter Berücksichtigung des Eigenbedarfs bzw. dessen notwendigen Selbstbehalts nicht aus, alle Unterhaltsansprüche zu erfüllen, liegt ein so genannter Mangelfall vor. Unter den Begriffen Eigenbedarf bzw. notwendiger Selbstbedarf versteht man den Bedarf, der sich aus den wirtschaftlichen ehelichen Lebensverhältnissen ergibt. Lediglich das über diesen Bedarf liegende Nettoeinkommen des Unterhaltspflichtigen wird dann auf die Unterhaltsberechtigten im Verhältnis ihrer jeweiligen Bedarfssätze gleichmäßig verteilt.

Beispiel: Ernst K. aus Gelsenkirchen verdient als Baggerfahrer monatlich 1535,00 € netto. Er schuldet Unterhalt für seine nicht berufstätige Frau Erna, die zweijährige Tochter Nicola und den dreijährigen Sohn Björn. Ernst K. möchte wissen, wie sich der Unterhalt berechnet.

Der notwendige **Selbstbehalt** des Ehemannes gegenüber minderjährigen Kindern liegt bei 890,00 €. Somit bleibt lediglich eine Verteilungsmasse in Höhe von 645,00 € übrig. In Mangelfällen werden unterschiedliche Berechnungsmethoden angewandt. Während nach der bisherigen Rechtsprechung des BGH bei dem Unterhaltsberechtigten Ehepartner als Einsatzbetrag für den Ehegattenunterhalt die $^3/_7$ Quote nach Abzug des Kindesunterhaltes nach der Düsseldorfer Tabelle in die Mangelfallberechnung einbezogen wurde, ist diese Rechtsprechung zwischenzeitlich aufgegeben worden. Der Grund liegt darin, dass die nach Vorwegabzug des Kindesunterhaltes individuell zu ermittelnde Unterhaltsquote für den Ehegatten kein geeigneter Maßstab für die Bemessung des Bedarfes darstellt. Kritisch wurde u. a. hervorgehoben, dass verkannt werde, dass der Bedarf einer Familie bei bestehender Lebens- und Unterhaltsgemeinschaft insgesamt aus den vorhandenen Mitteln gedeckt und nicht nach Maßstäben bestritten werde, die für den Fall der Trennung oder Scheidung vom Gesetz geregelt und von der Rechtsprechung entwickelt worden sind. In sehr beengten wirtschaftlichen Verhältnissen könne gerade nicht davon ausgegangen werden, dass den Kindern tatsächlich ein Mindestbedarf vorab zur Verfügung stehe. Durch ein geringes Familieneinkommen würden nämlich in der Regel alle Familienmitglieder betroffen sein. Dies hat daher auch den BGH veranlasst, seine Rechtsprechung dahingehend zu ändern, dass nunmehr für den unterhaltsberechtigten Ehegatten als Einsatzbetrag ein **notwendiger Eigenbedarf** in Höhe von 770,00 € zugebilligt werde und für gleichrangige Kinder ein Betrag in Höhe von 135 % des Regelbetrages der Düsseldorfer Tabelle, mithin der Einkommensgruppe 6, in die Mangelfallberechnung einbezogen wird.

Vorliegend ergibt sich ein **Kindesunterhalt** für die zweijährige Tochter Nicola und den dreijährigen Sohn Björn in Höhe von jeweils 276,00 €, ein **Ehegattenunterhalt** in Höhe von 770,00 € mithin ein **Gesamtunterhalt** in Höhe von 1322,00 €. Die Verteilungsmasse in Höhe von nur 645,00 € wird dann im Verhältnis ihrer jeweiligen Bedarfssätze gleichmäßig verteilt:

- Erna K: 770,00 € x 645,00 € : 1322,00 € = 375,68 €
- Nicola: 276,00 € x 645,00 € : 1322,00 € = 134,66 €
- Björn: 276,00 € x 645,00 € : 1322,00 € = 134,66 €

Erna K. erhält daher für sich und ihre Kinder lediglich einen Betrag in Höhe von 645,00 €. Bei dieser Berechnung ist das **Kindergeld** nicht zu berücksichtigen, da es in Mangelfällen nicht angerechnet wird, § 1612b Abs. 5 BGB. Erna K. kann daher auch das gesamte Kindergeld für sich beanspruchen. Sie kann darüber hinaus Arbeitslosengeld II oder Sozialhilfe beim Sozialamt beantragen.

In der Düsseldorfer Tabelle findet sich eine Rubrik, die den so genannten **Bedarfskontrollbetrag** des Unterhaltsverpflichteten ausweist. Dieser ist ab der 2. Einkommensgruppe nicht mit den oben beschriebenen Selbstbehalt identisch. Vielmehr stellt der Bedarfskontrollbetrag eine Art Korrektiv dar, der eine ausgewogene Verteilung des Einkommens zwischen Unterhaltsverpflichteten und Unterhaltsberechtigten ermöglichen soll. Wird der Bedarfskontrollbetrag auch unter Berücksichtigung des Ehegattenunterhalts unterschritten, wird eine Herabsetzung bei den Einkommensgruppen vorgenommen. Entsprechend sind die neuen Bedarfskontrollbeträge heranzuziehen.

Beispiel: Johann S. erzielt ein bereinigtes Nettoeinkommen in Höhe von 2454,00 €. Er schuldet seiner Ehefrau Christine sowie der 7-jährigen Tochter Charlotte und der 4-jährigen Tochter Sophie monatliche Unterhaltszahlungen. Christine S. fragt, mit welchen Unterhaltsbeträge sie jetzt rechnen kann.

Grundsätzlich wäre Johann S. in der Einkommensgruppe 7 der Düsseldorfer Tabelle einzustufen, wonach sich ein Kindesunterhalt für Charlotte in Höhe von 351,00 € und für Sophie in Höhe von 290,00 € ergibt. Der Getrenntlebenunterhalt (= $^3/_7$ des verbleibenden Einkommens) beträgt 777,00 €. Folglich würden Johann S. lediglich 1036,00 € verbleiben, während der Bedarfskontrollbetrag in der 7. Einkommensgruppe der Düsseldorfer Tabelle jedoch 1200,00 € beträgt.

Da der Kontrollbetrag damit unterschritten wird, ist der Unterhalt grundsätzlich nach der nächstniedrigeren Einkommensgruppe, also Stufe 6, zu berechnen. Auch dies reicht im vorliegenden Fall nicht aus, um dem Bedarfskontrollbetrag zu gewährleisten. Auch in der Einkommensgruppe 5 wäre der Bedarfskontrollbetrag von Johann S. nicht gesichert. Eine weitere Herunterstufung, nämlich in die Einkommensstufe 4, ist daher erforderlich. Danach ergibt sich ein Kindesunterhalt für Charlotte in Höhe von 299,00 €, für Sophie in Höhe von 247,00 € und ein 3/7 Unterhalt für die Ehefrau in Höhe von 818,00 €, so dass der Bedarfskontrollbetrag für die Einkommensgruppe 4 in Höhe von 1050,00 € gewahrt ist.

f) Berücksichtigung eigener Einkünfte des Kindes. Grundsätzlich wird der Bedarf des Kindes durch eigene Einkünfte gemindert. Hierzu zählen Arbeitseinkommen, Ausbildungsvergütung, Zinsen oder Renten etc.

Eine Besonderheit gilt jedoch bei Einkünften aus **überobligatorischer Tätigkeit.** Dazu zählen beim Kindesunterhalt Tätigkeiten zur Aufbesserung des Taschengeldes oder aber Tätigkeiten zur Erfüllung eines Wunsches, z. B. Kauf eines Motorrades.

Handelt es sich bei den Eigeneinkünften des Kindes um eine Ausbildungsvergütung, so ist sein Einkommen vorab um einen ausbildungsbedingten Mehrbedarf in Höhe von 90,00 € zu mindern.

Bei minderjährigen Kindern wird das Nettoeinkommen nach Abzug des ausbildungsbedingten Mehrbedarfs in Höhe von 90,00 € lediglich zur Hälfte auf den Unterhaltsanspruch angerechnet.

Beispiel: Der 16-jährige Martin D. aus Duisburg erhält eine Ausbildungsvergütung in Höhe von monatlich 460,00 €. Der Unterhaltspflichtige Vater ist in die 2. Einkommensgruppe der Düsseldorfer Tabelle einzustufen. Martin D. fragt nach der Höhe des Kindesunterhaltes.

Von dem monatlichen Einkommen in Höhe von 460,00 € wird der ausbildungsbedingte Mehrbedarf in Höhe von 90,00 € in Abzug gebracht, so dass ein Einkommen in Höhe von 370,00 € verbleibt. Davon ist lediglich der hälftige Betrag von 185,00 € auf den Tabellenunterhalt in Höhe von 312,00 € anzurechnen. Er erhält daher an Kindesunterhalt monatlich 127,00 €.

g) Auskunftsanspruch und Durchsetzung des Kindesunterhaltes. Häufig scheitert eine Unterhaltsberechnung daran, dass die von ihrem Ehemann getrennt lebende Kindesmutter keine oder nur sehr vage Informationen über das Nettoeinkommen des Ehemannes hat.

Beispiel: Irene P. aus Herne lebt zusammen mit ihrem dreijährigen Sohn Kevin und ihrer vierjährigen Tochter Babette in einer eigenen Wohnung.

Der Ehemann Werner P. zahlt keinen Pfennig Unterhalt und ist auch nicht bereit, Auskunft über sein Nettoeinkommen zu erteilen.

Damit der Unterhalt ordnungsgemäß berechnet werden kann, steht dem Unterhaltsberechtigten ein so genannter Auskunftsanspruch zu. Lässt sich keine außergerichtliche Klärung herbeiführen, kann dieser Auskunftsanspruch zusammen mit der Unterhaltszahlungsklage **gerichtlich** geltend gemacht werden. Personen, die Einkünfte aus nichtselbständiger Arbeit haben, müssen die letzten 12 **Gehaltsabrechnungen** und den letzten aktuellen **Steuerbescheid** vorlegen. Bei Selbständigen berechnet sich das durchschnittliche Nettoeinkommen nach den Gewinnen der letzten drei Jahre, wobei Bilanzen bzw. Einnahme- Überschussrechnungen zur Ermittlung herangezogen werden müssen.

Nach entsprechender Aufforderung hat Werner P. seine letzten 12 Gehaltsabrechnungen vorgelegt, aus denen sich ein durchschnittliches monatliches Nettoeinkommen in Höhe von 1943,00 € ergibt.

Irene P. kann daher für ihren Sohn Kevin und für die Tochter Babette jeweils 262,00 € verlangen.

h) Klageverfahren

Beispiel: Werner P. will auch nach entsprechenden Aufforderungsschreiben durch den Anwalt keine Auskunft über sein Nettoeinkommen erteilen. Er hat darüber hinaus mitgeteilt, keinen Unterhalt zahlen zu wollen. Irene P. fragt nach ihren Möglichkeiten.

Irene P. steht nach § 1361 Abs. 4 Satz 4 i. V. m. § 1605 BGB ein Auskunftsanspruch gegenüber ihrem Ehemann zu. Danach ist Werner P. verpflichtet, seine letzten 12 Gehaltsabrechnungen vorzulegen. Diesen Anspruch wird Irene P. im Rahmen einer **Stufenklage** – einer Klage, in der erst im Zuge des Rechtsstreits Schritt für Schritt die entsprechenden Anträge gestellt werden – zusammen mit einem noch nicht bezifferten Zahlungsanspruch gerichtlich geltend machen.

Werner P. wird antragsgemäß verurteilt werden, die entsprechende Auskunft über sein Nettoeinkommen zu erteilen.

Fortsetzung des Beispiels: Auch nach der Verurteilung verweigert Werner P. die geforderten Auskünfte.

Irene P. kann aus dem Teilurteil der Stufenklage – in diesem Fall die Verurteilung zur Auskunft – die Zwangsvollstreckung gegen ihren Ehemann einleiten. Die **Zwangsvollstreckung** findet in der Form statt, dass gegen Werner P. durch das Gericht Zwangsmittel verhängt werden, nämlich Zwangsgeld oder Zwangshaft (vgl. § 888 ZPO).

Beispiel: Nach entsprechender Zwangsmittelandrohung erteilt Werner P. endlich die geforderte Auskunft. Irene P. hat jedoch erhebliche Zweifel an der Vollständigkeit und Richtigkeit dieser Angaben, weil sie weiß, dass Werner P. nebenbei Taxi fährt, was er bei seinem Einkommensnachweis verschwiegen hat. Irene P. kann diese Tätigkeit aber nicht vor Gericht beweisen.

Der Auskunftsanspruch hat sich jedoch erledigt, da auch eine falsche Auskunft eine Auskunft im Rechtssinne ist. Irene P. hat allerdings jetzt noch die Möglichkeit, das Klageverfahren auf der zweiten Stufe weiterzubetreiben und ihren Ehemann dazu verurteilen zu lassen, die **Richtigkeit** und **Vollständigkeit** seiner Angaben an Eides Statt zu versichern.

Fortsetzung des Beispiels: Unter diesem Druck ergänzt Werner P. seine ursprüngliche Auskunft dahingehend, dass er durch Taxifahren ca. 400,00 € monatlich zusätzlich verdient.

Ausgehend von dem jetzt bekannten durchschnittlichen monatlichen Nettoeinkommen in Höhe von insgesamt 2343,00 € (1943 € Gehalt + 400,00 € Einnahmen durch Taxifahren) kann Irene P. nach der Düsseldorfer Tabelle für ihre beiden Kinder jeweils einen Kindesunterhalt in Höhe von 290,00 € verlangen (abzgl. Kindergeld).

Fortsetzung des Beispiels: Da Werner P. trotz entsprechender Aufforderung die geforderten Kindesunterhaltsbeträge nicht zahlt, setzt Irene P. den Prozess in der dritten Stufe gegen ihren Ehemann fort. Dieser wird verurteilt, die entsprechenden Kindesunterhaltsbeträge zu zahlen. Doch auch nach der Verurteilung kommt Werner P. seinen Zahlungsverpflichtungen nicht nach. Irene P. fragt erneut nach ihren Möglichkeiten.

Sobald die vollstreckbare Ausfertigung des Urteils Werner P. zugestellt worden ist, kann Irene P. erneut die Zwangsvollstreckung betreiben. Sinnvollerweise sollte hier eine **Gehaltspfändung** durchgeführt werden, da der größte Teil des Einkommens durch nichtselbständige Arbeit aus einem festen Anstellungsverhältnis erzielt wird. Der Arbeitgeber wird dann die entsprechenden ausgeurteilten Beträge einbehalten und an Irene P. weiterleiten.

i) Verschiedene Möglichkeiten der Bedarfsgeltendmachung. Wie im vorliegenden Fall bereits dargestellt, hat das Kind die Möglichkeit, den Unterhaltsbetrag als statischen Festbetrag geltend zu machen. Diese Regelung hat jedoch den Nachteil, dass bei Erreichen der nächsten Altersstufe bzw. Änderung der Düsseldorfer Tabelle alle zwei Jahre immer ein Abänderungsverfahren nach § 323 ZPO erforderlich ist, wenn der Unterhaltspflichtige nicht freiwillig die geänderten Unterhaltsbeträge bezahlt.

Seit dem 1. 7. 1998 bestehen noch zwei weitere Möglichkeiten, den Unterhaltsbedarf im Klageverfahren geltend zu machen:

- **Dynamischer Unterhalt für die derzeitige Altersstufe:** Bei dieser Vorgehensweise besteht der Vorteil, dass der Unterhalt alle zwei Jahre automatisch bei Änderung der Düsseldorfer Tabelle angepasst wird. Nicht berücksichtigt wird bei dieser Regelung jedoch, wenn das Kind in eine andere Altersstufe kommt. Aus diesem Grunde ist diese Antragstellung nur dann vorteilhaft, wenn sich das Kind bereits in der 3. Altersstufe befindet.
- **Dynamischer Unterhalt für alle Altersstufen:** Die Gesetzesänderung sieht daher noch eine weitere Möglichkeit vor. Der Kindesunterhalt kann als Regelbetrag bzw. vom Hundertsatz des Rentenbetrages für alle drei Altersstufen verlangt werden. Diese Regelung beinhaltet keinen eigenständigen Unterhaltsanspruch, sondern bestimmt lediglich, dass auf Grund der allgemeinen Unterhaltsbestimmungen der geschuldete Unterhalt in einer Form verlangt werden kann, in der er an der Dynamisierung der Regelbeträge teilnimmt. Dabei wird der Unterhalt automatisch alle zwei Jahre bei Änderung der Düsseldorfer Tabelle angepasst, aber auch dann, wenn das Kind in eine andere Altersstufe kommt und zwar ab dem ersten Monat, ab dem das Kind die nächste Altersstufe erreicht. Dadurch wird das umständliche Abänderungsverfahren vermieden, da die normalen Gehaltssteigerungen des Unterhalts-

verpflichteten und der Sprung in die nächste Altersgruppe mit berücksichtigt werden.

Voraussetzung für die Titulierung in dynamisierter Form ist zum einen, dass das **Kind minderjährig** ist.

Das Erfordernis der Minderjährigkeit bedeutet nicht, dass aus dem in dynamisierter Form abgefassten Titel mit **Eintritt** der **Volljährigkeit** nicht mehr die Zwangsvollstreckung betrieben werden kann. Entscheidend ist, dass das Kind bei der Schaffung des Titels minderjährig ist und der Unterhalt somit auch für die Zeit der Minderjährigkeit geltend gemacht wird. Die Wirkung des Titels im Hinblick auf eventuell bestehende Unterhaltsrückstände endet nicht mit Eintritt der Volljährigkeit.

Ferner kann in dynamisierter Form das Kind den Unterhalt nur verlangen, wenn es mit dem in Anspruch genommenen Elternteil nicht in einem Haushalt lebt.

j) Vereinfachtes Verfahren. Nach dem seit 1.7. 1998 geltenden Kindesunterhaltsrecht kann der Kindesunterhalt für minderjährige Kinder in einem vereinfachten Verfahren geltend gemacht werden. Dieses Verfahren ist vergleichbar mit dem bisherigen Verfahren, wonach nichteheliche Kinder nach der Regelbetragsverordnung den Mindestkindesunterhalt geltend machen konnten. Nunmehr sind auch im Unterhaltsrecht nichteheliche Kinder und eheliche Kinder gleichgestellt. Es gibt somit die Möglichkeit der Geltendmachung des Regelunterhaltes für alle minderjährigen Kinder, vorausgesetzt, dass das Kind nicht bei dem Elternteil lebt, gegen den der Unterhaltsanspruch geltend gemacht wird.

Seit dem 1.7. 2005 gelten für die alten Bundesländer folgende **Regelbeträge:**

1. Altersstufe (0 bis 5 Jahre)	204,00 €
2. Altersstufe (6 bis 11 Jahre)	247,00 €
3. Altersstufe (12 bis 17 Jahre)	291,00 €

Für die neuen Bundesländer gelten folgende Regelbeträge:

1. Altersstufe (0 bis zu 5 Jahre)	188,00 €
2. Altersstufe (6 bis 11 Jahre)	228,00 €
3. Altersstufe (12 bis 17 Jahre)	269,00 €

Im vereinfachten Verfahren können Unterhaltsbeträge nur bis zur **Höhe** des 1,5-fachen des Regelbetrages der jeweiligen Altersstufe geltend gemacht werden. Das bedeutet, dass im so genannten vereinfachten Verfahren Unterhaltsansprüche nur bis zu den Beträgen geltend gemacht werden können, die im Rahmen der Einkommensgruppe 8 der Düsseldorfer Tabelle liegen. Dies wird am folgendem Rechenbeispiel deutlich:

Der Regelbetrag der 1. Altersstufe beträgt 204,00 €. 150 % davon betragen 306,00 €. Dieser Betrag entspricht dem Unterhaltsbetrag der Einkommensgruppe 8 und Altersstufe 1 der Düsseldorfer Tabelle. Bei höherem Einkommen ist somit eine Geltendmachung der Unterhaltsansprüche im vereinfachten Verfahren nicht möglich. Das vereinfachte Verfahren bietet also auch die Möglichkeit, den **Unterhalt prozentual** geltend zu machen, so dass die Unterhaltsansprüche sich automatisch mit jeder Änderung der Regelbeträge ändern, ohne dass die Gerichte eingeschaltet werden müssen. Gem. § 1612 a Abs. 4 b BGB werden die Regelbeträge alle zwei Jahre entsprechend der Nettolohnentwicklung angepasst.

Für das vereinfachte Verfahren ist nicht mehr das Familiengericht zuständig, sondern der **Rechtspfleger.** Das Verfahren ist stark formalisiert. Die Parteien müssen sich der vom Bundesministerium der Justiz eingeführten **Vordrucke** bedienen. Diese sind beim Jugendamt oder bei jedem Amtsgericht erhältlich. Die vorgeschriebenen gerichtlichen Hinweise sind umfangreich und jedenfalls für einen Laien schwer durchschaubar.

Von Vorteil ist das vereinfachte Verfahren dahingehend, weil insoweit schneller und **kostengünstiger Unterhaltstitel** geschaffen werden können als im herkömmlichen Klageverfahren. Ferner kann im vereinfachten Verfahren der Unterhaltsschuldner nicht ohne weiteres geltend machen, er sei zu Unterhaltszahlungen nicht in der Lage. Dies bedeutet, dass die Zulässigkeit von Einwendungen an strenge formale Voraussetzungen geknüpft sind. Gibt der Unterhaltsschuldner zum Beispiel an, er sei auf Grund seiner Einkommensverhältnisse nach der Düsseldorfer Tabelle nur verpflichtet, einen geringeren Unterhaltsbetrag zu zahlen, so wird der Rechtspfleger diesen Einwand nur beachten, wenn der Unterhaltsschuldner zugleich einen bestimmten Unterhaltsbetrag anerkennt und sich auch insoweit zur Zahlung verpflichtet. Darüber hinaus muss der Unterhaltsschuldner über seine Einkünfte, sein Vermögen, seine persönlichen und wirtschaftlichen Verhältnisse Auskunft erteilen und die entsprechenden Belege vorlegen. All dies geschieht in einem entsprechenden Formular.

Die Praxis hat jedoch gezeigt, dass von der Möglichkeit, Unterhalt im vereinfachten Verfahren geltend zu machen, nur selten Gebrauch gemacht wird. Im Hinblick auf den nicht einfach auszufüllenden Antragsvordruck, die komplizierte Regelung über die Einwendungen und die vom Antragsteller abzugebende Stellungnahme handelt es sich auch nicht um einen einfach ausgestaltetes Verfahren. Auch die Möglichkeit, durch das vereinfachte Verfahren dem minderjährigen Kind schnell und kostengünstig eine Vollstreckungstitel zu ermöglichen, wird dadurch unterlaufen, dass in dem Verfahren dem Antragsgegner eine einzuräumende Monatsfrist für das Vorbringen seiner Einwendungen gegeben wird, mit der Folge, dass das Verfahren langwieriger ist, als beispielsweise das einstweilige Anordnungsverfahren in einem normalen Unterhaltsrechtsstreit. Ferner bleibt nochmals zu erwähnen, dass die Festsetzung des Unterhalts im vereinfachten Verfahren auf das anderthalbfache des Regelbetrages begrenzt ist, wohingegen im einstweiligen Anordnungsverfahren der volle Unterhalt zugesprochen werden kann.

Damit wird verständlich, warum letztendlich dieses Verfahren sich nicht durchgesetzt hat.

k) Ausweitung des Auskunftsrechts. Die Gerichte haben bereits in der Vergangenheit davon Gebrauch gemacht, von Amts wegen Lohnbescheinigungen einzuholen. Nach dem geänderten Kindschaftsrecht gem. §§ 643 Abs. 1 ZPO hat das Gericht nunmehr die Befugnis erhalten, von beiden Parteien dem Unterhaltsberechtigten und dem Unterhaltsverpflichteten bezüglich aller Angaben, die für die Berechnung des Unterhalts erforderlich sind, Belege anzufordern. Für den Fall, dass nicht oder nicht vollständig Auskunft erteilt wird, hat das Gericht die Befugnis, Auskünfte von bestimmten Dritten insbesondere von Arbeitgebern, Sozialleistungsträgern, Versicherungsunternehmen, Finanzamt sowie Trägern der Sozialhilfe zu erfragen, § 643 Abs. 2 ZPO.

2. Kindesunterhalt für volljährige Kinder

Eltern schulden ihren volljährigen Kindern grundsätzlich solange Unterhalt, bis diese ihre wirtschaftliche Selbständigkeit erlangt haben, wobei jedoch, von Ausnahmen abgesehen, nur eine **Ausbildung** zu finanzieren ist. Diese kann allerdings unter Umständen eine abgeschlossene Lehre und ein darauf aufbauendes Studium beinhalten. Erlernt ein Mädchen zunächst den Beruf der Krankenschwester und beginnt dann mit einem Studium der Medizin, so ist hier eine einheitliche Ausbildung anzunehmen. Entschließt sich dagegen die volljährige Tochter, nach der Ausbildung zur Krankenschwester noch eine Ausbildung zur Rechtsanwaltsgehilfin zu beginnen, so brauchen die Eltern diese Ausbildung nicht mehr zu finanzieren. Das volljährige Kind hat auch keinen Anspruch auf Finanzierung eines unbegrenzt langen Studiums. Grundsätzlich sind die so genannten Regelstudienzeiten, wie sie auch beim Bezug von Leistungen nach dem Bundesausbildungsförderungsgesetz (BaföG) gelten, einzuhalten. Ergeben sich jedoch besondere Umstände, z. B. durch Krankheit eines Kindes, so haben die Eltern das Kind in der verlängerten Studienzeit zu unterstützen. Der Unterhaltsrichtsatz für ein volljähriges studierendes Kind mit eigener Wohnung beträgt nach der Düsseldorfer Tabelle monatlich 640,00 €.

Selbstverständlich sind **eigene Einkünfte** des volljährigen Kindes in Abzug zu bringen.

Beispiel: Der 22-jährige Theologiestudent Thomas B. bewohnt in Münster eine Studentenwohnung. In den ersten Semestern hat er einen Teil seines Lebensunterhalts dadurch bestritten, dass er abends in einer Studentenkneipe gekellnert hat. Zur Zeit hat er die ersten Prüfungen abzulegen und kann daher dieser Nebentätigkeit nicht mehr nachgehen. Seine Eltern Werner und Margarete B. leben voneinander getrennt. Sein Vater erzielt als Personalleiter ein monatliches Nettoeinkommen in Höhe von 3068,00 €, seine Mutter als Verkäuferin ein monatliches Nettoeinkommen in Höhe von 1534,00 €.

Thomas B. verlangt von seinem Vater einen monatlichen Kindesunterhalt in Höhe von 640,00 €.

Da der Student Thomas B. volljährig ist und nicht mehr zu Hause wohnt, steht ihm ein Regelunterhalt in Höhe von 640,00 € zu. Der

Unterhaltsanspruch ist jedoch nicht allein gegen den Vater zu richten, da bei volljährigen Kindern grundsätzlich beide Elternteile zahlungspflichtig sind. Allerdings kommt es auf die **Leistungsfähigkeit** jedes Elternteils an, das heißt die Eltern schulden jeweils einen Teil des Unterhaltsbetrages, der sich nach der Höhe ihrer Einkommen abzüglich des notwendigen Eigenbedarfs (= Selbstbehalt) richtet. Da volljährige Kinder nicht mehr den Betreuungsbedarf wie minderjährige Kinder haben, ist auch der notwendige Selbstbehalt ihnen gegenüber auf 1100,00 € erhöht.

Im Falle der Familie B. verbleibt der Mutter bei einem Einkommen in Höhe von 1534,00 € und einem Selbstbehalt von 1100,00 € ein Rest von 434,00 €, dem Vater dagegen nach Abzug des Selbstbehaltes 1968,00 €. Beide Restsummen werden addiert, um anschließend den **prozentualen Unterhaltsteil** zu ermitteln:

434,00 € + 1968,00 € = 2402,00 €
434,00 € von 2402,00 € = 18,07 %
1968,00 € von 2402,00 € ist = 81,93 %

Demnach hat die Mutter 18,07 % von 640,00 € = 116,00 €, der Vater den Rest in Höhe von 81,93 % = 524,00 € zu zahlen. Bisher nicht berücksichtigt wurde dabei, dass dem 22 Jahre alten Thomas B. Kindergeld nach dem Bundeskindergeldgesetzes zusteht. Dieser Umstand wirkt sich wie folgt aus:

Wie im Einkommensteuerrecht geht der Gesetzgeber im neuen § 1612 b Abs. 1 bis 4 BGB vom so genannten Halbteilungsprinzip aus. Dies bedeutet, dass beide Elternteile unabhängig von ihrer Unterhaltsquote hälftig am Kindergeld teilhaben sollen. Der Elternteil, der das Kindergeld nicht erhält, ist berechtigt, seinen Unterhalt um den hälftigen Kindergeldbetrag zu kürzen, während der Unterhalt des anderen Elternteils, der das Kindergeld erhält, um die Hälfte des Kindergeldbetrages erhöht wird. Da sich an dem Anspruch des Kindesunterhaltes nichts ändert und Thomas B. in jedem Fall nur 640,00 € zustehen, sind von seinen Eltern – unterstellt die Mutter erhält das Kindergeld – folgende Beträge zu zahlen:

Mutter	116,00 €
Zuzüglich halbes Kindergeld	+ 77,00 €
Ergebnis	**193,00 €**

Vater	524,00 €
Abzüglich halbes Kindergeld	– 77,00 €
Ergebnis	**447,00 €**

Bei **mehreren Kindern** ist die Verrechnung in dem jeweiligen konkreten Unterhaltsverhältnis mit dem Kind vorzunehmen, für das der Unterhalt gezahlt wird. Dies ist von besonderer Bedeutung bei Kindern aus verschiedenen Ehen. Hierbei geht es um den so genannten Zählkindvorteil.

Beispiel: Beate K. aus Essen hat drei Kinder aus erster Ehe sowie ein viertes Kind aus der derzeitig bestehenden Ehe. Der unterhaltsverpflichtete Ehemann aus zweiter Ehe schuldet Unterhalt lediglich für sein Kind. Hierbei kommt ihm nicht das hälftige Kindergeld in Höhe von 89,50 € (Kindergeld für das vierte Kind), sondern lediglich Kindergeld für ein Kind, mithin 77,00 € (hälftiges Kindesgeld) zugute.

Wenn die Verpflichteten lediglich über ein **Nettoeinkommen** in Höhe des erhöhten **Selbstbehaltes** verfügen, brauchen Sie den Volljährigenunterhalt nicht zu zahlen. Studierenden volljährigen Kindern stehen in einem solchen Fall Bafög-Leistungen zu. In vielen Fällen ist die Mutter des volljährigen Kindes nicht in der Lage, Unterhalt zu zahlen, da sie entweder überhaupt keine Einkünfte hat oder ihre Einkünfte unter dem Selbstbehalt liegen.

Eine **Ausnahmeregelung** besteht für die Kinder, die zwar schon **volljährig** sind, aber das **21. Lebensjahr** noch nicht vollendet haben. Für diese soll der Unterhaltsanspruch dem Unterhaltsanspruch der Minderjährigen gleichgestellt werden, so dass es bei den Beträgen der Düsseldorfer Tabelle, entsprechend der 4. Altersstufe bleibt. Jedoch nur, wenn das volljährige Kind sich noch im Haushalt des betreuenden Elternteils aufhält und sich noch in der allgemeinen Schulausbildung befindet. Es gilt für diese Kinder auch der verminderte Selbstbehalt, 890,00 € für Erwerbstätige bzw. 770,00 € für nichterwerbstätige Elternteile und nicht der erhöhte Selbstbehalt von 1100,00 €. In den übrigen Fällen sind die Einkommen der Eltern zu addieren, der gerundete Unterhaltsbetrag daraus zu ermitteln. Der Unterhalt wird von beiden Elternteilen im Verhältnis ihrer Einkünfte zueinander wie im vorstehenden Beispiel errechnet. Anders als Kinder ab Vollendung des 21. Lebensjahres, deren Unterhaltsansprüche gegenüber dem Ehegattenunterhalt nachrangig sind, werden diese Kinder wie minderjährige Kinder behandelt, deren Unterhaltsanspruch dem Ehegattenunterhaltsanspruch vorgeht.

3. Sonderunterhalt

Beispiel: Mechthild K. Aus Neuss lebt mit ihren beiden Söhnen Max (8) und Moritz (10) in einer eigenen Wohnung. Der Ehemann zahlt den geforderten Regelunterhalt nach der Düsseldorfer Tabelle. Im kommenden Monat sollen beide Kinder an einer Klassenfahrt in die Eifel teilnehmen. Die Unterbringung erfolgt in einem Schullandheim. Die Kosten belaufen sich pro Kind auf 103,00 €. Mechthild K. möchte wissen, ob sie neben dem laufenden Kindesunterhalt auch die Kosten für Klassenfahrten von ihrem getrennt lebenden Ehemann verlangen kann.

Der Unterhaltsbedarf für Kinder setzt sich zusammen aus dem so genannten **laufenden Bedarf,** der mit dem Regelunterhalt abgegolten wird, und dem so genannten **Sonderbedarf,** für den der Unterhaltspflichtige Sonderunterhalt schuldet. Die Kosten für die Klassenfahrt stellen unter Umständen so genannten Sonderbedarf nach § 1613 Abs. 2 BGB dar. Darunter versteht man einen unregelmäßigen und gleichzeitig außergewöhnlich hohen Bedarf, der zusätzlich zum laufenden Unterhalt befriedigt werden muss. Soweit der Ehemann leistungsfähig ist, d.h. soweit er so viel verdient, dass sein Eigenbedarf gesichert ist, hat er diesen Sonderbedarf zur Hälfte zu übernehmen. Mechthild K. kann unter dieser Voraussetzung die hälftigen Kosten für die Klassenfahrt von ihrem Ehemann als Sonderunterhalt verlangen.

Einige Gerichte erkennen **unvorhergesehene Arzt-** und **Arzneikosten,** soweit sie nicht von der Krankenkasse übernommen werden oder kieferorthopädische Behandlungen als Sonderbedarf an. Auch **Umzugs-** und **Renovierungskosten** können Sonderbedarf darstellen. Je nach den Umständen sind auch Kosten für **Nachhilfestunden** sowie Kosten der **Konfirmation** bzw. **Kommunion** als Sonderbedarf anzusehen. Es kommt hier auf den jeweiligen Einzelfall an.

4. Kindesunterhalt für Kinder aus Ehen in den neuen Bundesländern

In den neuen Bundesländern berechnet sich der Kindesunterhalt wie in den alten Bundesländern nach den §§ 1601 ff BGB. Aufgrund der anderen Einkommenssituation sind aber die entsprechenden Unterhaltstabellen anzuwenden, z. B. die so genannte Berliner Tabelle für das Land Berlin, die Thüringer Tabelle oder die Unterhaltsleitlinien der Oberlandesgerichte Brandenburg, Dresden, Jena, Naumburg und Rostock.

5. Unterstützung durch den Staat

- **Kindergeld:** Die staatliche Unterstützung für Kinder nach dem Bundeskindergeldgesetz (BKGG) wurde bereits bei der Berechnung des Kindesunterhaltes (vgl. Seite 43 ff.) dargestellt.
- **Unterhaltsgeld nach dem Unterhaltsvorschussgesetz:** Eine weitere Hilfe des Staates stellt das Unterhaltsgeld nach dem Unterhaltsvorschussgesetz dar, das jedoch längstens sechs Jahre gezahlt wird. Danach kann ein alleinerziehender Elternteil den jeweiligen Mindestkindesunterhalt bis zum 12. Lebensjahr des Kindes geltend machen, wenn von dem anderen Elternteil der Unterhalt nicht oder nur unregelmäßig gezahlt wird.
  Zur Geltendmachung des Unterhaltsvorschusses ist es nicht erforderlich, dass der Vater schon zu Unterhaltszahlungen verurteilt ist. Der **Anspruch** kann bei der zuständigen Stadt (Jugendamt) **geltend gemacht** werden, in der der alleinerziehende Elternteil lebt. Der Unterhaltsanspruch gegenüber dem Unterhaltspflichtigen geht in Höhe des geleisteten Unterhaltsvorschusses auf das jeweilige Amt über. Das heißt, dass im Falle der Unterhaltsklage nur der überschießende Kindesunterhalt an das unterhaltsberechtigte Kind zu Händen seines gesetzlichen Vertreters ausgezahlt wird. Der bereits gezahlte Unterhalt muss an das zuständige Amt zurückgeführt werden. Der **Mindestkindesunterhalt** nach dem Unterhaltsvorschussgesetz für ein Kind in der ersten Altersstufe (0 bis 5 Jahre) beträgt nach der Düsseldorfer Tabelle 204,00 €. Dieser Betrag wird nach dem Unterhaltsvorschussgesetz an die Mutter des Kindes ausgezahlt. Schuldet der Vater auf Grund seiner Einkommensverhältnisse einen monatlichen Kindesunterhalt nach der Einkommensgruppe 4 der Düsseldorfer Tabelle in Höhe von 247,00 € und zahlt er auch den rückständigen erhöhten Kindesunterhalt, so erhält das zuständige Amt den geleisteten Unter-

haltsvorschuss in Höhe von 204,00 €. Lediglich der Differenzbetrag in Höhe von 43,00 € verbleibt bei dem gesetzlichen Vertreter. Hierbei ist jedoch zu berücksichtigen, dass entgegen der Regelung beim Unterhaltsrecht das Kindergeld hälftig anzurechnen ist.

- **Erziehungsgeld:** Eine weitere staatliche Unterstützung stellt das Erziehungsgeld dar. Wie viel und wie lange Erziehungsgeld gezahlt wird, hängt vom monatlichen Einkommen ab und davon, ob man sich für die Budgetregelung entscheidet oder nicht. Entscheidet man sich für die Budgetsregelung, so bekommt man ein Jahr lang monatlich 450,00 € ab dem Tag der Geburt des Kindes gezahlt. Der Zeitraum kann nicht verlängert werden. Entscheidet man sich gegen die Budgetregelung, so erhält man zunächst ein Jahr lang monatlich den Regelbetrag von 300,00 €. Der Anspruch kann in diesem Fall um ein weiteres Jahr verlängert werden, wobei der Antrag dazu frühestens im neunten Lebensmonat des Kindes gestellt werden kann.
  Voraussetzung für die Zahlung des Erziehungsgeldes ist es jedoch, dass der sorgeberechtigte Elternteil mit dem Kind in einem Haushalt lebt, es selber erzieht und keine oder keine volle Erwerbstätigkeit ausübt.
  Bereits beim ersten Antrag auf Erziehungsgeld muss der sorgeberechtigte Elternteil sich entscheiden, ob er den Regelbetrag oder das Budget wählen möchte. Es macht daher Sinn, sich individuell von der zuständigen Erziehungsgeldstelle eingehend beraten zu lassen, welche Regelung im Einzelfall zu bevorzugen ist.

> **Achtung:** Das Erziehunggeld wird bei dem Ehegattenunterhalt nicht unterhaltsmindernd angerechnet.

6. Getrenntlebenunterhalt

Der Trennungsunterhalt ist in § 1361 BGB geregelt:

(1) Leben die Ehegatten getrennt, so kann ein Ehegatte von dem anderen den nach den Lebensverhältnissen und den Erwerbs-und Vermögensverhältnissen der Ehegatten angemessen Unterhalt verlangen; für Aufwendungen infolge eines Körper-oder Gesundheitsschaden gilt § 1610 a BGB. Ist zwischen den getrennt lebenden Ehegatten ein Scheidungsverfahren rechtshän-

gig, so gehört zum Unterhalt vom Eintritt der Rechtshängigkeit an auch die Kosten einer angemessenen Versicherung für den Fall des Alters sowie der verminderten Erwerbsfähigkeit.

(2) Der nicht erwerbstätige Ehegatte kann nur dann darauf verwiesen werden, seinen Unterhalt durch eine Erwerbstätigkeit selber zu verdienen, wenn dies von ihm nach seinen persönlichen Verhältnissen, insbesondere wegen einer früheren Erwerbstätigkeit unter Berücksichtigung der Dauer der Ehe und nach den wirtschaftlichen Verhältnissen beider Ehegatten erwartet werden kann.

Der Trennungsunterhalt nach § 1361 Abs. 1 BGB hat daher zwei Voraussetzungen:

- Eine bestehende Ehe zwischen den Parteien sowie
- ein völliges Getrenntleben der Eheleute.

Dabei ist es nicht erforderlich, dass die Eheleute verschiedene Haushalte haben. Eine Trennung ist gem. § 1567 BGB auch innerhalb der Ehewohnung möglich. Es ist auch nicht erforderlich, dass die Parteien einmal einen gemeinsamen Hausstand hatten oder gemeinsam wirtschafteten. Der Trennungsunterhalt wird nach bisheriger Rechtsprechung sogar dann geschuldet, wenn die Eheleute nie zusammengelebt haben.

Beispiel: Celystina und Siggi M. sind seit sechs Jahren verheiratet. Wegen ihrer beruflichen Tätigkeit leben Celystina in Düsseldorf und Siggi in Hannover in einer jeweils eigenen Wohnung.

Die Eheleute haben sich regelmäßig nur an den Wochenenden gesehen. Siggi M verfügt über ein deutlich höheres Nettoeinkommen als seine Frau Celystina. Celystina fragt nach ihrem Unterhaltsanspruch.

Obwohl die Eheleute hier zu keinem Zeitpunkt einen gemeinsamen Hausstand hatten und jeder seinem Beruf nachgegangen ist, besteht ein Unterhaltsanspruch für Celystina, da die **ehelichen Lebensverhältnisse** durch das wesentlich höhere Einkommen ihres Ehemannes Siggi **geprägt** waren.

Der **Unterhaltsgläubiger** muss in der Regel **bedürftig** sein. Die Bedürftigkeit richtet sich nach den Einkommens- und Vermögensverhältnissen der Eheleute. Entscheidend ist, ob die eigenen Mittel des Unterhaltsgläubigers für den eheangemessenen Unterhalt ausreichen. Dabei sind alle Einkünfte mitheranzuziehen.

Geht die Ehefrau einer beruflichen Tätigkeit nicht nach, so richtet sich die **Erwerbsobliegenheitsverpflichtung** nach den persönlichen Verhältnissen der Ehefrau insbesondere nach ihrer früheren Berufstätigkeit, der Dauer der Ehe sowie den wirtschaftlichen Verhältnissen beider Ehegatten. Für eine geraume Zeit muss der bisherige Status beibehalten bleiben. Im Trennungsjahr ist daher nicht von einer Erwerbsobliegenheit auszugehen.

Die Erwerbsobligenheit kann aber auch erheblich später einsetzen:

Durch die **Betreuung** von **Kindern** wird die Erwerbsobliegenheit eingeschränkt. Wann schließlich der Elternteil, der die minderjährigen Kinder betreut, verpflichtet werden kann eine Arbeitstätigkeit aufzunehmen, richtet sich nach den Umständen des Einzelfalles. Grundsätzlich ist davon auszugehen, dass bei der Betreuung eines Kindes zwischen dem 11. und 15. Lebensjahr eine Verpflichtung zur Aufnahme einer Teilzeitbeschäftigung besteht und zwischen dem 15. bis 16. Lebensjahr dem Unterhaltsbedürftigen eine Vollzeitbeschäftigung zugemutet werden kann. Anders ist es bei der Betreuung von mehreren Kindern. Hier wird eine Teilzeitbeschäftigung erst ab dem 14. oder 15. Lebensjahr des jüngsten Kindes verlangt werden können. Bei der Betreuung von mehr als einem Kind ist die Verpflichtung einer Teilzeitbeschäftigung vor dem 15. Lebensjahr des jüngsten Kindes geringer.

Es besteht auch dann keine Erwerbsobliegenheit, wenn die Ehefrau **krank** ist oder sich bereits im **vorgerückten Alter** befindet. Es gelten hier die gleichen Grundsätze, wie sie die §§ 1569 ff. BGB für den nachehelichen Unterhalt vorschreiben.

Die **Höhe** des **Getrenntlebensunterhaltes** richtet sich nach den ehelichen Lebensverhältnissen. Die ehelichen Lebensverhältnisse werden nicht nur von dem in der Ehe verfügbaren Einkommen geprägt, sondern auch von der Gesamtheit aller wirtschaftlich relevanten, beruflichen, gesundheitlichen, familiären und ähnlichen Faktoren mitbestimmt.

Es spielen nicht nur die Einkünfte aus Erwerbstätigkeit bei der Bedarfsermittlung eine Rolle sondern z. B. auch Zinsen aus Kapital oder mietfreies Wohnen.

Die genaue Ermittlung des anrechenbaren Einkommens wurde bereits oben beim Kindesunterhalt näher dargestellt.

Bei der **Berechnung** des Getrenntlebensunterhaltes zieht man von dem anrechenbaren Nettoeinkommen noch den Kindesunterhalt ab; man spricht jetzt von dem so genannten bereinigten Nettoeinkommen. Von diesem Betrag stehen der Ehefrau grundsätzlich $^3/_7$ zu. Ist der Ehemann nicht mehr berufstätig, erhöht sich der Unterhaltsbetrag sogar auf die Hälfte seines Nettoeinkommens.

Beispiel: Marlies H. aus Köln lebt seit zwei Wochen von ihrem Ehemann Dirk H. getrennt. Sie ist vorübergehend mit der gemeinsamen zweijährigen Tochter Andrea zu ihrer Freundin gezogen. Der Ehemann erzielt ein durchschnittliches monatliches Nettoeinkommen in Höhe von 3000,00 €. Marlies H. erzielt keine eigenen Einkünfte. Sie fragt, welche Unterhaltsansprüche ihr zustehen.

Diese errechnen sich wie folgt:

Nettoeinkommen des Ehemannes	3000,00 €
abzgl. 5 % für berufsbedingte Aufwendungen	– 150,00 €
	2850,00 €
abzüglich Kindesunterhalt für die Tochter Andrea nach der DT (Einstufung in die nächst höhere Einkommensgruppe 10), da der Ehemann nur Unterhalt für die Ehefrau und ein Kind zu leisten hat	347,00 €
verbleiben	**2503,00 €**
davon $^3/_7$	**1072,71 €**

Die Tatsache, dass Dirk H. beim Kindesunterhalt den hälftigen Kindergeldbetrag in Abzug bringen kann, bleibt bei der Berechnung des Ehegattenunterhaltes unberücksichtigt.

Dirk H. hat die oben errechneten Unterhaltsbeträge bis spätestens zum 3. Werktag eines jeden Monats im Voraus an seine Ehefrau zu zahlen.

a) Differenzunterhalt. Hat die Ehefrau eigene Einkünfte, so schuldet der Ehemann nicht den vollen Unterhalt, sondern lediglich einen Teil. Dieser so genannte Differenzunterhalt soll verhindern, dass ein Ehepartner sozial oder finanziell absteigt, vielmehr soll sich der Lebensstandard bei beiden Ehepartnern auch nach der Trennung auf möglichst gleichem Niveau bewegen. Maßgeblich für die Unterhaltsfrage sind demnach die ehelichen Lebensverhältnisse.

b) Neue BGH – Rechtsprechung. In diesem Zusammenhang war früher von Bedeutung, ob die Ehefrau bereits während des Zusammenlebens oder erst nach der Trennung eine berufliche Tätigkeit aufgenommen hat. Im ersten Fall wurde der Unterhalt nach der so genannten Differenz, im zweiten Fall nach der Anrechnungsmethode berechnet. Im Jahre 2001 hat der BGH die bisherige Rechtsprechung im Bezug auf die Anrechnungsmethode aufgegeben und nunmehr festgestellt, dass auch die nach einer Trennung oder Scheidung aufgenommene oder erweiterte Erwerbstätigkeit des bisher haushaltsführenden Ehegatten die ehelichen Lebensverhältnisse prägt. Hausarbeit und nach Trennung oder Scheidung aufgenommene Erwerbstätigkeit werden mithin weitgehend gleichgestellt. Gehen beide Ehepartner einer beruflichen Tätigkeit nach, ermittelt sich der Unterhalt nach der so genannten **Differenzmethode.**

Beispiel: Gabi K. aus Oberhausen lebt seit 3 Monaten von ihrem Ehemann Günther K getrennt. Wie bereits vor der Trennung erzielt Gabi K. als Arzthelferin ein durchschnittliches monatliches Nettoeinkommen in Höhe von 1000,00 €, während Günther K. als leitender Angestellter ein durchschnittliches Nettoeinkommen in Höhe von 3000,00 € hat. Der Ehemann ist der Auffassung, er müsse für die Zeit des Getrenntlebens keinen Unterhalt zahlen, da seine Ehefrau über eigene Einkünfte verfügt.

Es ist zwar richtig, dass grundsätzlich jeder Ehepartner für seinen eigenen Unterhalt verantwortlich ist, doch trifft die Meinung des Ehemannes nicht zu, er habe gar keinen Unterhalt zu zahlen, weil seine Ehefrau ihren Lebensunterhalt von ihren eigenen Einkünften bestreiten könne. Da sich die Eheleute K. bei einem Nettoeinkommen in Höhe von 4000,00 € einen entsprechenden Lebensstandard leisten konnten, müsste sich Frau K. nach der Trennung ohne einen entsprechenden **Aufstockungs-** bzw. **Differenzunterhalt** seitens ihres Ehemannes erheblich einschränken. Die Rechtsprechung sagt einhellig, dass eine Einschränkung in der Trennungszeit für den weniger verdienenden Ehegatten nicht zumutbar ist, unabhängig davon, welcher Ehegatte die Trennung eingeleitet hat. Der Unterhaltsanspruch der Gabi K. berechnet sich daher wie folgt:

Nettoeinkommen des Ehemannes	3000,00 €
Abzüglich 5 % für berufsbedingte Aufwendungen	150,00 €
	2850,00 €

Abzüglich des um 5 % = 50,00 € für berufsbedingte Aufwendungen verminderte Nettoeinkommen der Ehefrau	950,00 €
verbleiben	1900,00 €
davon 3/7	**814,29 €**

Der besserverdienende Ehemann K. hat somit monatlich im Voraus 814,29 € bis spätestens zum 3. Werktag eines jeden Monats an seine getrennt lebende Ehefrau zu überweisen. Der Unterhalt kann auch nach der so genannten Additionsmethode berechnet werden, wobei sich keine Unterschiede ergeben, wenn bei beiden Eheleuten nur mit Einkünften aus Erwerbseinkommen gerechnet wird.

Nettoeinkommen Ehemann	3000,00 €
abzüglich 5 % für berufsbedingte Aufwendungen	150,00 €
	2850,00 €
abzüglich 1/7 Erwerbsanreiz in Höhe von	407,14 €
	2442,86 €
zzgl das um 5 % für berufsbedingte Aufwendungen verminderte Nettoeinkommen der Ehefrau in Höhe von	950,00 €
abzüglich 1/7 Erwerbsanreiz in Höhe von	– 135,71 €
verbleiben	3257,15 €
geteilt durch 2	1628,58 €
abzüglich anrechenbares Einkommen Ehefrau	814,29 €
	814,29 €

c) Additionsmethode. Die Additionsmethode ist immer dann bei der Unterhaltsberechnung zu benutzen, wenn weitere Einkünfte als Einkünfte aus Erwerbstätigkeit vorliegen, da bei diesen Einkünften der Halbteilungsgrundsatz gilt.

Beispiel: Die Eheleute Gerd und Helma P. leben bei 15jähriger Ehezeit seit ca. 2 Wochen voneinander getrennt. Helma P. ist in eine eigene Wohnung gezogen. Der Ehemann verfügt aus einer Angestelltentätigkeit über ein monatliches Nettoeinkommen in Höhe von 2500,00 €. Darüber hinaus erzielt er Einkünfte aus Kapitalvermögen in Höhe von 500,00 € sowie Einkünfte aus Vermietung und Verpachtung in Höhe von 250,00 €. Da ihm ein Firmen-Pkw zur Verfügung steht, ist noch der Pkw-Vorteil mit 200,00 € bei der Unterhaltsberechnung zu berücksichtigen.

Die Ehefrau Helma verfügt lediglich über ein Nettoeinkommen in Höhe von 1000,00 €.

Der Unterhalt berechnet sich wie folgt:

Einkommen Ehemann

Nebenrechnung:

Einkünfte aus nicht selbständiger Tätigkeit	2500,00 €
Zinserträge	500,00 €
Vermietung und Verpachtung	250,00 €
Pkw-Vorteil	200,00 €
Insgesamt	3450,00 €
Davon aus Erwerbstätigkeit	2500,00 €
abzgl. pauschaler berufsbedingter Aufwendungen in Höhe von	125,00 €
	2375,00 €
Insgesamt	3450,00 €
	– 125,00 €
	3325,00 €
Dazu Wohnwert	400,00 €
	3725,00 €
Abzgl. Belastungen	
Darlehen Haus	400,00 €
Konsumkredit	150,00 €
	550,00 €
	3175,00
Einkommen Ehefrau	1000,00 €
Abzgl. 5 % für berufsbedingte Aufwendungen	50,00 €
	950,00 €
Erwerbstätigenbonus für Pflichtigen aus anteilgeminderten Erwerbseinkommen (500,00 € + 250,00 € + 200,00 € + 125,00 € + 400,00 € +550,00 €)	3850,00 € – 2025,00 €
	1825,00 €
Davon $^1/_7$	260,00 €
Bedarfsbestimmendes Einkommen	3175,00 €
	– 260,00 €
	2915,00 €

Erwerbstätigen Bonus für Ehegatten	950,00 €
Davon 1/7	136,00 €
Bedarfsbestimmendes Einkommen	950,00 €
	– 136,00 €
	814,00 €
Einkommen Ehemann	2915,00 €
Einkommen Ehefrau	+ 814,00 €
	= 3729,00 €
Davon 1/2 =	***1864,50 €***
Abzüglich	***814,00 €***
=	***1050,00 €***

Hinsichtlich des Abzuges der pauschalen **berufsbedingten Aufwendungen** muss berücksichtigt werden, dass dieser nur vom Erwerbseinkommen in Höhe von 2500,00 € erfolgen kann, da den anderen Einkünften keine Aufwendungen gegenüberstehen.

Bei der Berechnung des **Erwerbstätigenbonus** ist zunächst das bereinigte Nettoeinkommen zu ermitteln. Dies bedeutet, dass der Erwerbstätigenbonus nicht bereits vom Nettoeinkommen abzuziehen ist. Bei Mischeinkünften, wie im vorliegenden Fall aus Gehalt, Zinsen, Vermietung und Verpachtung sowie Sachvorteilen, darf der Erwerbstätigenbonus nur vom Erwerbseinkommen und nicht vom Gesamteinkommen abgezogen werden. D. h. es sind vorab alle bei der Bildung des bereinigten Nettoeinkommens zu berücksichtigende Abzugsposten, die mit den Erwerbseinkünften in keinem Zusammenhang stehen vom Haupteinkommen abzuziehen.

d) Überobligatorische Tätigkeit. Geht die Ehefrau einer beruflichen Tätigkeit nach, obwohl sie wegen der Betreuung der Kleinkinder nicht arbeiten gehen müsste, werden ihre Einkünfte durch die konkreten Kinderbetreuungskosten oder durch Abzug eines **Betreuungsbonus** bei der Unterhaltsberechnung gemindert. Die Höhe des Betreuungsbonus ist im Einzelfall zu prüfen. Dabei ist das Alter und der Betreuungsaufwand der Kinder sowie das Einkommen der Ehefrau maßgebend.

Beispiel: Sabine und Peter M. leben seit 3 Monaten voneinander getrennt. Peter M. erzielt ein durchschnittliches monatliches Nettoeinkommen als Handelsvertreter in Höhe von 3000,00 €. Sabine erzielt ein monatliches Nettoeinkommen als Verkäuferin in einer Boutique in Höhe von 1000,00 €. Die berufliche Tätigkeit macht Sabine Spaß, so dass sie diese trotz der Betreuung der beiden Kleinkinder Anna und Janina im Alter von 4 und 6 Jahren nach der Trennung ausübt. Für die Kinderbetreuung im Kindergarten gibt sie monatlich einen Betrag in Höhe von 400,00 € aus. Sabine fragt nach der Höhe ihres Unterhaltsanspruches.

Bei der Betreuung kleiner Kinder ist bei einer Berufstätigkeit eine wesentlich höhere Belastung gegeben als bei einer Berufstätigkeit ohne Kinderbetreuung, so dass die konkreten Kosten für die Kinderbetreuung vom Einkommen des Bedürftigen in Abzug gebracht werden können. Ob neben den **konkreten Betreuungskosten** noch ein **Betreuungsbonus** in Abzug gebracht werden kann, ist im Einzelfall zu entscheiden.

Der Unterhalt für Sabine berechnet sich wie folgt:

Einkommen Ehemann	3000,00 €
abzüglich 5 % für berufsbedingte Aufwendungen	150,00 €
	2850,00 €
Kindesunterhalt für Anna	327,00 €
Kindesunterhalt für Janina	396,00 €
	2127,00 €
Einkommen Ehefrau	1000,00 €
abzgl Kinderbetreuungskosten	400,00 €
	600,00 €
Anrechenbares Einkommen Ehefrau	600,00 €
verbleibendes Einkommen Ehemann	2127,00 €
abzgl. Einkommen Ehefrau	600,00 €
verbleibendes Einkommen	1527,00 €
davon $^3/_7$	654,00 €

7. Nachehelicher Unterhalt

Der nacheheliche Ehegattenunterhalt ist die am härtesten umkämpfte Scheidungsfolgesache, da häufig der soziale Abstieg droht und häufig die Trennungsproblematik der Eheleute noch nicht aufgearbeitet ist. Die nachwirkende Mitverantwortung wird häufig nicht verstanden. Seit der Eherechtsreform, wobei vom Verschuldensprinzip auf das Zerüttungsprinzip übergegangen wurde, ist der Unterhaltsanspruch nicht mehr an das zur Scheidung führende Verschulden geknüpft. Es gilt vielmehr der Grundsatz der Eigenverantwortlichkeit. § 1569 BGB lautet:

Kann ein Ehegatte nach der Scheidung nicht selbst für seinen Unterhalt sorgen, so hat er gegen den anderen Ehegatten einen Anspruch auf Unterhalt nach den folgenden Vorschriften.

Die Unterhaltsansprüche sollen den sozial schwächeren Ehepartner nach der Scheidung schützen und ehebedingte Nachteile zum Beispiel durch Haushaltsführung und Kinderbetreuung ausgleichen. In der täglichen Praxis ist daher der nacheheliche Unterhalt trotz des Grundsatzes der Eigenverantwortung nicht die Ausnahme, vielmehr die Regel. Bei beiden Eheleuten bestehen **Unterhaltsobliegenheiten.** Der Bedürftige hat alles zu tun, um Unterhaltsansprüche zu mindern, während der Unterhaltspflichtige seine Leistungsfähigkeit zu erhalten hat.

Ein Anspruch auf nachehelichen Unterhalt besteht nur dann, wenn ab Rechtskraft der Scheidung ohne zeitliche Lücke ein Unterhaltstatbestand vorlag. Ist dies nicht der Fall, ist der Unterhaltsanspruch erloschen. Es muss eine so genannte **Unterhaltskette** vorliegen. Diese ergibt sich aus den Einsatzzeiten für die einzelnen Unterhaltstatbestände, wie sie im Folgenden dargestellt werden.

a) Unterhalt wegen Betreuung eines Kindes. Ein geschiedener Ehegatte kann von dem Anderen Unterhalt verlangen, solange und soweit von ihm wegen der Pflege oder Erziehung eines gemeinschaftlichen Kindes eine Erwerbstätigkeit nicht erwartet werden kann. Eine **Erwerbsverpflichtung** besteht daher dann nicht, wenn das Kind die Grundschule noch nicht abgeschlossen hat.

Ab dem 11. bis 15. Lebensjahr bzw. 16 Lebensjahr dürfte eine **Teilzeitbeschäftigung** zumutbar sein. Ab dem 15. bzw. 16 Lebensjahr ist eine **Vollzeitbeschäftigung** zu erwarten. Sind mehrere Kinder vorhanden wird eine Teilzeittätigkeit erst ab dem 14. oder 15. Lebensjahr des jüngsten Kindes verlangt werden können.

b) Unterhaltsanspruch wegen Alters. Die hierfür relevante Bestimmung des § 1571 BGB lautet:

Ein geschiedener Ehegatte kann von dem Anderen Unterhalt verlangen, soweit von ihm im Zeitpunkt
1. der Scheidung,
2. der Beendigung der Pflege oder Erziehung eines gemeinschaftlichen Kindes oder
3. des Wegfalls der Voraussetzungen für einen Unterhaltsanspruch nach den §§ 1572 und 1573 BGB

wegen seines Alters eine Erwerbstätigkeit nicht mehr erwartet werden kann.

Bei dieser Regelung wurde auf eine Festlegung der **Altersgrenze** verzichtet. Vielmehr ist der jeweilige Einzelfall zu prüfen. In der Regel wird jedoch ein Unterhaltsanspruch bejaht, wenn die Ehefrau bereits das Rentenalter erreicht hat.

Hierbei kann es zu Abgrenzungsproblemen mit dem Unterhaltsanspruch nach § 1573 Abs. 1 BGB kommen, wonach Unterhalt verlangt werden kann, so lange und soweit der Unterhaltsbedürftige nach der Scheidung keine angemessene Erwerbstätigkeit zu finden vermag.

c) Unterhalt wegen Krankheit oder Gebrechen. Die Bestimmung des § 1572 BGB lautet:

Ein geschiedener Ehegatte kann von dem Anderen Unterhalt verlangen, so lange und soweit von dem Zeitpunkt
1. der Scheidung,
2. der Beendigung der Pflege oder Erziehung eines gemeinschaftlichen Kindes,
3. der Beendigung der Ausbildung, Fortbildung oder Umschulung oder,
4. des Wegfalls der Voraussetzung für einen Unterhaltsanspruch nach § 1573 BGB

an wegen Krankheit oder anderer Gebrechen oder Schwäche soweit wegen seiner körperlichen oder geistigen Kräfte eine Erwerbstätigkeit nicht erwartet werden kann.

Die Problematik dieses Tatbestandes liegt in der Praxis im **Nachweis** der vollen oder teilweisen **Erwerbsunfähigkeit,** den der bedürftige Ehepartner zu erbringen hat. Ob eine Nichterwerbsfähigkeit besteht, wird häufig durch die Einholung eines Sachverständigengutachtens geklärt. Allgemeine ärztliche Atteste reichen regelmäßig nicht zum Nachweis der Erwerbsunfähigkeit aus.

Beispiel: Die 40jährige Caroline T. hat bereits mehrere Bandscheibenvorfälle erlitten, auf Grund derer sie längerfristig im Krankenhaus untergebracht war. Auf Grund der Tatsache, dass ihr Mann ein Verhältnis mit einer wesentlich jüngeren Frau aufgenommen hat, ist sie darüber hinaus psychisch erkrankt und leidet unter einer tiefen Depression. Im Rahmen der Scheidung macht Caroline Ansprüche wegen nachehelichen Unterhalt geltend. Sie legt dazu ärztliche Bescheinigungen ihrer Hausärzte vor.

Der Ehemann bestreitet die Erkrankungen und stellt sich auf den Standpunkt, dass seine Frau einer vollen Erwerbstätigkeit nachgehen kann.

Im Rahmen des gerichtlichen Unterhaltsverfahrens wird das Familiengericht die Einholung eines medizinischen Sachverständigengutachtens anordnen, um den Gesundheitszustand der Caroline T. festzustellen.

Es kommt daher entscheidend darauf an, inwieweit die erlittenen Bandscheibenvorfälle tatsächlich zur Arbeitsunfähigkeit führen.

Möglicherweise ist trotz der Erkrankungen noch eine Teilzeitbeschäftigung möglich.

Ob bei dem Vorliegen einer Depression Arbeitsunfähigkeit gegeben ist, muss ebenfalls von dem Arbeitsmediziner festgestellt werden.

d) Unterhalt bis zur Erlangung einer angemessenen Erwerbstätigkeit. Die einschlägige Norm des § 1573 Abs. 1 BGB lautet:

Soweit ein geschiedener Ehegatte keinen Unterhaltsanspruch nach den §§ 1570 bis 1572 BGB hat, kann er gleichwohl Unterhalt verlangen, solange und soweit er nach der Scheidung keine angemessene Erwerbstätigkeit zu finden vermag.

Die Ehefrau ist **beweispflichtig,** dass keine **Arbeitsplatzchance** besteht. An diese Beweispflicht werden hohe Anforderungen gestellt, da der Grundsatz der Eigenverantwortung gilt. Es reicht nicht aus, sich nur beim Arbeitsamt arbeitslos zu melden. Der Bedürftige muss sich darüber hinaus auf Zeitungsanzeigen und sonstige Arbeitsangebote bewerben und die Bemühungen nachweisen. Einige Oberlandesgerichte verlangen bis zu 20 Bewerbungsschreiben pro Monat. Kommt die Ehefrau dieser Nachweispflicht nicht nach, so geht das Gericht davon aus, dass sie sich nicht ordnungsgemäß beworben hat und wird ein fiktives Einkommen in Ansatz bringen.

Beispiel: Die 55jährige Annegret K. aus Duisburg lebt mit ihrem 60jährigen Ehemann Hubert K. in Scheidung. Annegret K. ist während der gesamten 30jährigen Ehezeit keiner beruflichen Tätigkeit nachgegangen. Sie hat sich ausschließlich um Haushalt und die Kinder gekümmert. Ihr Mann ist selbständiger Architekt und erzielt ein durchschnittliches monatliches Nettoeinkommen in Höhe von monatlich 4000,00 €. Er vertritt die Auffassung, nach der Scheidung müsse er keinen Cent Unterhalt bezahlen, da seine Ehefrau schließlich putzen gehen könne.

Der Unterhaltsanspruch der Annegret K. ist hier auf jeden Fall zu bejahen. Im Einverständnis mit dem Ehemann war sie während der gesamten Ehezeit nicht berufstätig. Obwohl Annegret über einen Zeitraum von 8 Monaten monatlich zwischen 20 und 30 Bewerbungsschreiben als Empfangsdame, Haushälterin oder Verkäuferin abgesandt hat, ist sie im Alter von 55 Jahren auf dem Arbeitsmarkt nicht mehr vermittelbar, zumal Annegret K. über keine abgeschlossene Berufsausbildung verfügt. Allerdings sei darauf hingewiesen, dass die Situation auf dem Arbeitsmarkt die Pflicht der Erwerbsbemühungen nicht beeinflusst. Der Ehemann schuldet ihr laut Gesetz $^3/_7$ seines Nettoeinkommens, also 1714,29 €.

e) Aufstockungsunterhalt. § 1573 Abs. 2 BGB hat folgenden Wortlaut:

Reichen die Einkünfte aus einer angemessenen Erwerbstätigkeit zum vollen Unterhalt (§ 1578 BGB) nicht aus, kann er, soweit er nicht bereits einen Unterhaltsanspruch nach den §§ 1570 bis 1572 BGB hat, den Unterschiedsbetrag zwischen den Einkünften und dem vollen Unterhalt verlangen.

Der Aufstockungsunterhalt gehört neben dem Betreuungsunterhalt zu den häufigsten Ansprüchen, da bei einer Doppelverdienerehe meistens unterschiedliche Einkommensverhältnisse vorliegen und sich der Unterhalt nach den ehelichen Lebensverhältnissen richtet.

Wir lange der volle Unterhalt oder der Aufstockungsunterhalt gezahlt werden muss, hängt von dem jeweiligen Einzelfall ab. § 1573 Abs. 5 BGB:

Die Unterhaltsansprüche nach Abs. 1 bis 4 können zeitlich begrenzt werden, soweit insbesondere unter Berücksichtigung der Dauer der Ehe sowie der Gestaltung von Haushaltsführung und Erwerbstätigkeit ein zeitlich unbegrenzter Unterhaltsanspruch unbillig wäre; dies gilt in der Regel nicht, wenn der Unterhaltsberechtigte nicht nur vorübergehend ein gemeinschaftliches Kind allein oder überwiegend betreut hat oder betreut. Die Zeit der Kinderbetreuung steht der Ehedauer gleich.

Mit dieser Vorschrift wird der Grundsatz der **Eigenverantwortung** gestärkt und der Unterhaltspflichtige geschützt.

f) Unterhalt wegen Ausbildung, Fortbildung oder Umschulung. Hierfür gilt § 1575 Abs. 1 BGB:

Ein geschiedener Ehegatte, der in Erwartung der Ehe oder während der Ehe eine Schul-oder Berufsausbildung nicht aufgenommen oder abgebrochen hat, kann von dem anderen Ehegatten Unterhalt verlangen, wenn er diese oder eine entsprechende Ausbildung sobald wie möglich aufnimmt, um eine angemessene Erwerbstätigkeit, die den Unterhalt nachhaltig sichert, zu erlangen und der erfolgreiche Abschluss bei der Ausbildung zu erwarten ist. Der Anspruch besteht längstens für die Zeit, in der eine solche Ausbildung im allgemeinen abgeschlossen wird, dabei sind ehebedingte Verzögerungen der Ausbildung zu berücksichtigen.

g) Alters und Krankenvorsorgeunterhalt. Neben dem Elementarunterhalt wird beim nachehelichen Unterhalt zusätzlich noch Vorsorgeunterhalt, bestehend aus Altersvorsorge- und oder Krankenvorsorgeunterhalt geschuldet.

Denn die Ehefrau wird an den Rentenanwartschaften ihres Ehemannes nur bis zum Ende des Monats, der dem Eintritt der Rechtshängigkeit des Scheidungsantrags vorausgeht, beteiligt und hat nach Rechtskraft der Scheidung, für ihre Krankenversicherung selbst aufzukommen. Allerdings muss der Ehemann nicht die vollen Beträge für die Renten- bzw. Krankenversicherung übernehmen, sondern einen so genannten **Quotenbetrag.** Die Höhe des Altersvorsorgeunterhalts richtet sich nach der Bremer Tabelle (BT, vergleiche Seite 139)

Beispiel: Die 30jährige Uschi Z. aus Köln kann nach ihrer Scheidung auf Grund der Betreuung ihrer zweijährigen Tochter Anna und des dreijährigen Sohnes Jens keiner beruflichen Tätigkeit nachgehen. Uschi Z. fragt, ob ihr geschiedener Ehemann auch Kosten für die Altersvorsorge übernehmen muss. Nach Abzug des Kindesunterhaltes verbleibt dem Ehemann ein bereinigtes Nettoeinkommen in Höhe von 3500,00 €.

Der geschiedene Ehemann schuldet in diesem Fall den Altersvorsorgeunterhalt, da Uschi Z. wegen der Betreuung ihrer beiden Kinder keiner beruflichen Tätigkeit nachgehen und somit keine eigenen Rentenanwartschaften erwerben kann. Wie bereits erläutert, muss Herr Z. aber nicht den vollen Betrag für die Altersvorsorge zahlen, sondern lediglich einen Quotenbetrag nach der Bremer Tabelle. Als Bemessungsgrundlage wird von einem $3/7$ Elementarunterhalt ausgegangen, zudem anschließend Lohnsteuer und Sozialabgaben (Arbeitnehmeranteil) addiert werden. Der Nettobetrag wird dabei um einen entsprechenden Prozentsatz auf einen Bruttobetrag hoch gerechnet, um davon den entsprechenden Beitragssatz zur Sozialversicherung zu ermitteln. Zur Zeit beträgt der geltende Beitragssatz in der gesetzlichen Rentenversicherung 19,5 %.

Bereinigtes Nettoeinkommen des Ehemannes	3500,00 €
Davon $3/7$ Elementarunterhalt (gleichzeitig Nettobemessungsgrundlage im Sinne der Bremer Tabelle)	1500,00 €
zuzüglich 37 % Steuer- und Sozialabgaben nach Bremer Tabelle (Stand 01.01.06)	555,00 €
Bruttobetrag	2055,00 €
Davon 19,5 % (= Regelbeitragssatz für die gesetzliche Rentenversicherung)	401,00 €

Der für dieses Einkommen entsprechende **Beitragssatz** zur **Sozialversicherung** entspricht dem Vorsorgeunterhalt. Er ist nun vom bereinigten Nettoeinkommen des Unterhaltspflichtigen abzuziehen, von dem Restbetrag ausgehend kann jetzt der tatsächliche $3/7$ Unterhalt ermittelt werden:

Bereinigtes Nettoeinkommen des Ehemannes	3500,00 €
Abzüglich Vorsorgeunterhalt	401,00 €
Verbleiben	3099,00 €
davon $3/7$ Unterhalt	1328,00 €

Insgesamt hat also der Ehemann einen Elementarunterhalt in Höhe von 1328,00 € den Vorsorgeunterhalt in Höhe von 401,00 € also 1729,00 € an seine geschiedene Ehefrau Uschi Z. zahlen.

> **Achtung:** Der Altersvorsorgeunterhalt wird auch für die Zeit des Getrenntlebens geschuldet, wenn ein Scheidungsverfahren rechtshängig ist, d. h. wenn der Scheidungsantrag dem anderen Ehepartner zugestellt wurde. Dies hat seinen Grund darin, dass der Versorgungsausgleich nach § 1587 Abs. 2 BGB nur die Zeit bis zur Rechtshängigkeit des Scheidungsverfahrens erfasst und der nacheheliche Unterhalt nach § 1587 Abs. 3 BGB erst den Zeitraum ab Rechtskraft der Scheidung abdeckt. Daher gehören die Kosten einer angemessenen Versicherung für das Alter zum Lebensbedarf (vgl. §§ 1361 Abs. 1 Satz 2, 1578 Abs. 3 BGB).

Ab Rechtskraft der Scheidung ist die Ehefrau nicht mehr in der gesetzlichen Krankenkasse des Ehemannes mitversichert. Deshalb muss die Ehefrau, die keiner versicherungspflichtigen Tätigkeit nachgeht, darüber hinaus selber für ihre Krankenversicherung aufkommen. Sie kann entweder eine **gesetzliche** oder eine **private Krankenversicherung** abschließen und muss die entsprechenden Beiträge selbst entrichten. Da diese Beiträge nicht von dem laufenden Regelunterhalt aufgebracht werden können, schuldet der Ehemann auch diese Aufwendungen für den Vorsorgeunterhalt, allerdings nicht in Höhe des tatsächlich zu leistenden Beitrags, sondern wiederum lediglich einen Prozentsatz vom ursprünglichen Gesamtunterhalt. Anders als bei dem Altersvorsorgeunterhalt wird hier der Elementarunterhalt nicht auf einen Bruttobetrag hoch gerechnet. Derzeit liegt der Beitragssatz der jeweiligen Krankenkasse bei ca. 13,6 %. Bei einem Gesamtunterhalt in Höhe von 1729,00 € ergibt sich ein Krankenvorsorgeunterhalt in Höhe von ca. 235,00 €. Für die Bestimmung des Altersvorsorgeunterhaltes ist nunmehr das Einkommen erneut um den Krankenvorsorgeunterhalt zu bereinigen. Die Bestimmung des Gesamtunterhaltes, bestehend aus Kranken-, Alters- und Elementarunterhaltes stellt sich wie folgt dar:

bereinigtes Einkommen	3500,00 €
abzgl. Krankenvorsorgeunterhalt	235,00 €
	3265,00 €
davon $^3/_7$	1399,00 €

(anschließende Berechnung s. S. 74)

h) Pflegevorsorgeunterhalt. Seit dem 1. 1. 1995 gilt mit Inkrafttreten des Pflegeversicherungsgesetzes dieselbe Regelung für den so genannten Pflegevorsorgeunterhalt.

Aus § 20 Abs. 3 SGB XI ergibt sich, dass derjenige, der in der gesetzlichen Krankenversicherung freiwillig versichert ist, zugleich in der Pflegeversicherung pflichtversichert ist. Ist der Unterhaltsberechtigte privat krankenversichert, muss zusätzlich eine Pflegeversicherung abgeschlossen werden (vgl. § 23 SGB XI). Die Beiträge zur Pflegeversicherung gehören ebenso wie die Krankenvorsorge zum allgemeinen Lebensbedarf und sind von dem Unterhaltspflichtigen zu übernehmen.

Auf Einzelheiten des Vorsorgeunterhalts kann wegen der Komplexität nicht eingegangen werden. Insbesondere in dem Fall, dass insgesamt Altersvorsorge-, Krankheitsvorsorge- und Pflegevorsorgeunterhalt geltend gemacht werden, sind Unterschiede in der Berechnung möglich.

i) Geplante Änderungen im Unterhaltsrecht. Der Grundsatz der Eigenverantwortlichkeit soll auch zukünftig weiter verstärkt werden. Geplant sind folgende Änderungen, die sich im Moment noch in Gesetzesverfahren befinden. Der **Kindesunterhalt** soll **Vorrang vor** allen anderen Unterhaltsansprüchen haben.

Alle Elternteile, ob **verheiratet** oder **unverheiratet,** sollen **gleichrangig** gestellt werden, für den Fall, dass Kinder betreut werden. Bisher ist der erste Ehegatte gegenüber dem zweiten, dem neuen Ehegatten, bevorzugt, und erst wenn die Ehegatten ihren Unterhalt bekommen, kann die nicht verheiratete Mutter ihre Ansprüche anmelden. Diese Rangfolge wird bei dem vorliegenden Gesetzesentwurf nicht mehr als zeitgemäß empfunden. Danach soll es keine Rolle mehr spielen, ob Elternteile verheiratet sind oder nicht. Denn alle Elternteile müssen die gleiche Chance haben, sich um ihre Kinder zu kümmern. Bei dem bisherigen Unterhaltsrecht ist aufgrund der bestehenden Rangfolge ein Unterhaltsanspruch der nicht verheirateten Mutter erst gegeben, wenn alle Unterhaltspflichten gegenüber den Ehegatten erfüllt sind. Aufgrund der finanziellen Situation in vielen Familien bzgl. der Unterhaltspflichten gegenüber dem alten Ehegatten dürfte klar sein, dass derzeitig nicht verheiratete Mütter kaum Ansprüche realisieren können.

Die **nicht verheiratete Mutter** soll Unterhaltsansprüche auch dann begründen können, wenn das Kind älter als drei Jahre ist. Bisher hat die nicht verheiratete Mutter lediglich einen Anspruch auf Unterhalt nach der Geburt des Kindes bis zu drei Jahren. Danach muss sie wieder arbeiten gehen, wenn dies nicht „grob unbillig" ist. Der Gesetzgeber knüpft damit an den Rechtsanspruch auf einen Kindergartenplatz für dreijährige Kinder an. Die geschiedene Mutter muss dagegen nach der ständigen Rechtsprechung wieder erwerbstätig werden, wenn das Kind die Grundschule abgeschlossen, also das 10. Lebensjahr, erreicht hat. Diese unterschiedliche Behandlung erfolgt nicht ohne Grund:

Der Betreuungsunterhalt des geschiedenen Ehegatten beruht auf der fortwirkenden nachehelichen Solidarität und der notwendigen Betreuung des Kindes. Der Beetreuungsunterhaltsanspruch des nicht verheirateten Elternteils basiert dagegen nur auf der notwendigen Betreuung des gemeinsamen Kindes. Deshalb soll die grundsätzliche Befristung dieses Anspruches auf 3 Jahre beibehalten werden. Allerdings soll den Gerichten die Möglichkeit eingeräumt werden, im Einzelfall einen verlängerten Betreuungsunterhalt über die ersten 3 Jahre hinaus zu gewähren. Zusammen mit der geänderten Rangfolge wird dies zu einer Besserstellung nicht verheirateter Mütter führen. Dadurch wird die Betreuungssituation vieler Kinder verbessert, deren Eltern nicht miteinander verheiratet sind und getrennt leben.

Dies bedeutet auch, dass Ehegatten, die keine Kinder zu betreuen und zu versorgen haben, zukünftig in den dritten Rang der Unterhaltsfolge gestellt werden sollen.

Eine Ausnahme soll lediglich dann bestehen, wenn die Ehe sehr lange bestanden hat. Aufgrund des Vertrauensschutzes, sollen diese Ehegatten den gleichen Rang erhalten wie diejenigen, die Kinder betreuen und versorgen.

Die **Eigenverantwortung** eines jeden Ehepartners soll nach der Ehescheidung zukünftig mehr in den Vordergrund gestellt werden. Das bedeutet, dass in den Fällen, in denen keine Kinderbetreuung vorliegt, zukünftig die Möglichkeit bestehen soll, den nachehelichen Unterhalt zeitlich zu befristen oder der Höhe nach zu begrenzen. Ferner sollen die bisherigen Maßstäbe geändert werden, ob und wann nach der Ehe wieder eine Erwerbstätigkeit aufgenommen werden soll.

Grund der Reformbemühungen ist der Umstand, dass insbesondere die Zweitfamilien mit Kindern aufgrund der bestehenden Unterhaltspflicht gegenüber dem ersten Ehegatten derzeitig finanziell hoch belastet sind, so dass dem Unterhaltspflichtigen teilweise die Chance genommen ist, trotz einer gescheiterten Ehe einen familiären Neuanfang zu wagen.

j) Ausschluss des nachehelichen Unterhaltes. Der nacheheliche Unterhalt ist gem. § 1579 BGB zu kürzen, zeitlich zu begrenzen oder ganz auszuschließen, wenn eine „grobe Unbilligkeit" vorliegt. Das Gesetz zählt hier konkret eine Anzahl bestimmter Fälle auf:

- Die Ehe war von kurzer Dauer (bis max. 3 Jahre).
- Der Berechtigte hat sich eines Verbrechens, z. B. eines Mordanschlages, oder eines schweren vorsätzlichen Vergehens gegen den Verpflichteten oder gegenüber einem nahen Angehörigen des Verpflichteten schuldig gemacht. In Frage kommen auch schwere Beleidigungen und Verleumdungen sowie falsche Anschuldigungen.
- Der Berechtigte hat seine Bedürftigkeit mutwillig herbeigeführt. Hierzu zählen insbesondere Fälle, in denen der Unterhaltsberechtigte ohne Grund einen sicheren Arbeitsplatz aufgibt, eine Kündigung provoziert oder mutwillig eine ihm angebotene Tätigkeit nicht annimmt. Sonderfälle sind Alkohol und Drogenabhängigkeit. Hier ist mitentscheidend, ob der Berechtigte bereit ist, Maßnahmen zu ergreifen, die ihn von seiner Sucht befreien.
- Der Berechtigte hat sich über schwerwiegende Vermögensinteressen des Verpflichteten mutwillig hinweg gesetzt. Hier ist insbesondere der Umfang der Vermögensgefährdung von Bedeutung, während die Frage, ob ein Vermögensschaden eintritt, unerheblich ist. Häufige Fälle sind Betrug im Unterhaltsprozess, ungerechtfertigte Strafanzeigen und Maßnahmen, die den Arbeitsplatz des Verpflichteten in Gefahr bringen können.
- Der Berechtigte hat vor der Trennung längere Zeit hindurch seine Pflicht zum Familienunterhalt beizutragen, gröblich verletzt. Ein solcher Fall liegt beispielsweise vor, wenn der Berechtigte trotz erheblicher eigener Einkünfte diese der Familie vorenthalten hat.

- Dem Berechtigten fällt ein offensichtlich schwerwiegendes, eindeutig bei ihm liegendes Fehlverhalten, gegenüber dem Verpflichteten zur Last. Damit ist in erster Linie ein Verstoß gegen die eheliche Treuepflicht gemeint. Dieser ist aber nur dann schwerwiegend, wenn er vor der Trennung erfolgt ist.

Diese Aufzählung ist keineswegs vollständig, vielmehr reicht auch jeder **andere** Grund, der ebenso schwer wiegt, wie die sechs aufgeführten (vgl. Ziffer 7 des § 1579 BGB). Einer der Hauptgründe, die zum Ausschluss des Unterhalts führen, ist zum Beispiel die Aufnahme eines eheähnlichen Verhältnisses.

Beispiel: Die 36-jährige kinderlose Marion B. aus Krefeld ist seit drei Jahren von ihrem Ehemann Peter B. geschieden. Er hat ab Rechtskraft der Scheidung regelmäßig einen nachehelichen Unterhalt in Höhe von monatlich 1 000,00 € gezahlt. Jetzt zieht die Ehefrau zu ihrem langjährigen Freund, dem wohlhabenden Arzt Dr. K. Marion meint, dass ihr Ehemann auch weiterhin den nachehelichen Unterhalt schuldet.

Der Unterhaltsanspruch der Marion B. ist entfallen, da sich Marion B. auf Dauer einem neuen Partner zugewandt hat und mit diesem auch in eheähnlicher Gemeinschaft lebt. Hierbei reicht es allerdings nicht aus, wenn der neue Partner gelegentlich bei dem Unterhaltsberechtigten übernachtet und mit ihm seine Freizeit verbringt. Angeknüpft wird vielmehr an die Voraussetzungen, die für eine eheliche Lebensgemeinschaft maßgebend sind. Hierzu zählen neben einer sexuellen Beziehung auch die wechselseitigen Versorgungsleistungen wie Kochen, Putzen, Waschen, Bügeln, etc. Ob eine **eheähnliche Lebensgemeinschaft** vorliegt, ist häufig Gegenstand prozessualer Auseinandersetzungen geschiedener Eheleute. Geschiedene Ehemänner stehen häufig auf dem Standpunkt, ihre frühere Ehefrau führe eine eheähnliche Lebensgemeinschaft, kaum wird ihnen bekannt, dass sie einen Freund hat. Dies reicht natürlich bei weitem nicht aus. Andererseits kann eine eheähnliche Partnerschaft nicht nur deshalb geleugnet werden, weil der Freund noch eine weitere Wohnung unterhält, im übrigen aber alle genannten Voraussetzungen vorliegen. Für diese Fälle hat die Rechtsprechung den Begriff der sozio-ökonomischen Gemeinschaft entwickelt.

Diese liegt dann vor, wenn eine Beziehung mindestens zwei bis drei Jahre besteht.

Selbst wenn die Voraussetzungen der Ziffer 1 bis 7 des §§ 1579 BGB vorliegen, kommt ein Ausschluss des Unterhaltsanspruches dann nicht in Betracht, wenn der Unterhaltsberechtigte ein **minderjähriges** gemeinsames **Kind** zu versorgen hat. Denn die Belange des Kindes sind vorrangig zu beachten und dürfen nicht durch Verweigerung des nachehelichen Unterhaltes beeinträchtigt werden. Unterhaltskürzungen sind jedoch möglich.

8. Unterhaltsansprüche bei Ehen in den neuen Bundesländern

Für den Trennungs- und den nachehelichen Unterhalt gilt seit dem 3. 10. 1990 grundsätzlich das BGB, also auch für Ehen, die vor dem Beitritt geschlossen wurden (vgl. Art. 234, §§ 1, 5 EGBGB). Wurde dagegen die Scheidung im Gebiet der ehemaligen DDR vor dem 3. 10. 1990 verkündet und wohnt einer der Ehepartner zu diesem Zeitpunkt in den neuen Bundesländern, ist in Fragen des Unterhalts das Familiengesetzbuch (FGB der DDR) maßgeblich.

9. Steuerrechtliche Konsequenzen

Lebt ein Ehepaar dauernd getrennt, müssen die Steuerklassen geändert werden. Eine Verpflichtung hierzu besteht allerdings erst ab dem Jahr, welches auf die Trennung folgt.

Haben die Parteien sich zum Beispiel zum 2. 1. 2006 getrennt, ist der Steuerklassenwechsel zum 1. 1. 2007 vorzunehmen.

Das Einkommensteuergesetz sieht 6 Steuerklassen vor:

- In die Steuerklasse 1 sind die Frauen einzuordnen, die ledig sind, dauernd getrennt lebend oder geschieden sind.
- Frauen erhalten die Steuerklasse 2, wenn ihnen der Haushaltsfreibetrag zusteht, weil in ihrer Wohnung im Inland mindestens ein Kind gemeldet ist, das einen Kinderfreibetrag oder Kindergeld erhält. Ist auch der andere Ehepartner unbeschränkt einkommensteuerpflichtig, so erhält der Ehegatte den Haushaltsfreibetrag nur, wenn das Kind ihm zuzuordnen ist. Es darf keine zweite erwachsene Person in der Wohnung des Ehegatten gemeldet sein.

- In die Steuerklasse 3 können sich verheiratete Frauen, die mit ihrem Ehemann zusammenleben einstufen lassen. Möglicherweise wählt der Ehepartner die Steuerklasse 3, der erheblich mehr verdient, da so Steuern gespart werden können.
- Steuerklasse 4 wird gewählt, wenn zwei Eheleute einen gemeinsamen Haushalt führen und in etwa die gleichen Einkünfte erzielen.
- Steuerklasse 5 kommt für denjenigen in Frage, dessen Ehepartner mit dem er zusammenlebt in Steuerklasse 3 eingestuft ist.
- Steuerklasse 6 schließlich ist für den Ehepartner obligatorisch, der mehrere Arbeitsverhältnisse unterhält. Da dies in wenigsten Fällen Frauen sind, kommt somit für sie nach der Trennung entweder die Steuerklasse 1 oder 2 in Frage, je nach dem, bei wem die Kinder gemeldet sind.

Entscheidend ist dabei der **Beginn** des **Kalenderjahres.** Wechseln die Kinder im Laufe eines Jahres ihren Aufenthaltsort, so behält derjenige Elternteil die günstigere Steuerklasse 2, bei dem die Kinder zu Beginn des Jahres gelebt haben und gemeldet waren.

a) Kinderförderung durch Steuerfreibeträge. Wie bisher gibt es den jährlich allgemeinen **Kinderfreibetrag,** der auf 3648,00 € angehoben worden ist. Hinzu kommt ein neuer Freibetrag für Betreuung und Erziehung oder Ausbildung in Höhe von 2160,00 € pro Kind. Bis zum Ende der Ausbildung (27. Lebensjahr), in dem der bisherige **Kinderbetreuungsfreibetrag** vollständig aufgeht. Der Steuerfreibetrag pro Kind beträgt daher insgesamt 5808,00 €. Darüber hinaus können erwerbsbedingte **Kinderbetreuungskosten** für Kinder unter 14 Jahren durch berufstätige Eltern geltend gemacht werden, allerdings nur, wenn sie nachgewiesen sind und pro Kind den bisherigen Betreuungsfreibetrag in Höhe von 1548,00 € übersteigen. Absetzbar sind diese Kosten bis zu 1500,00 €, für Alleinerziehende gelten die hälftigen Beträge.

b) Gemeinsame oder getrennte Veranlagungen – Ehegattensplitting. Das Einkommensteuerrecht sieht zum einen die gemeinsame, zum anderen die getrennte Veranlagung vor. Bei der gemeinsamen Veranlagung werden beide Einkommen der Eheleute zusammengerechnet und nach der **Splitting-Tabelle** versteuert. Bei getrennter Veranlagung wird das zu versteuernde Einkommen für jeden Ehepartner getrennt ermittelt, wobei die Versteuerung nach der Einkommensteuer-Grundtabelle erfolgt. Von Ausnahmen abgesehen, ist die gemeinsame Veranlagung die günstigere. Bei dem folgenden Beispiel wurde der Solidaritätszuschlag nicht berücksichtigt:

Beispiel: Adelheid U. aus Ennepetal erzielt ein zu versteuerndes Jahreseinkommen in Höhe von 10 000,00 € und ihr Ehemann in Höhe von 40 000,00 €. Ausgehend von dem Einkommensteuertarif für das Jahr 2006 ergibt sich für Adelheid U. bei getrennter Veranlagung nach der Grundtabelle ein Steuerbetrag in Höhe von 398,00 € und bei ihrem Ehemann in Höhe von 9223,00 €. Bei Zusammenveranlagung haben die Eheleute für das gemeinsame Einkommen in Höhe von 50 000,00 € ein Einkommensteuerbetrag in Höhe von 8542,00 € zu zahlen.

Die Eheleute können für das Jahr, indem sie die Trennung vollzogen haben, noch die gemeinsame Veranlagung wählen.

Grundsätzlich sind die Eheleute sogar verpflichtet die **günstigste Veranlagungsform** zu wählen, wenn weder für den Einen noch für den Anderen steuerliche Nachteile entstehen. Wählt ein Ehepartner eigenmächtig ohne Absprache mit dem Anderen die ungünstigere Veranlagung, so stehen dem Ehepartner unter Umständen Schadensersatzansprüche zu.

c) Begrenztes Realsplitting. Auch bei getrennter Veranlagung sieht das Einkommensteuergesetz eine Steuervergünstigung vor, dass so genannte begrenzte Realsplitting. Werden die Eheleute getrennt veranlagt, und leben sie dauernd getrennt oder sind geschieden, so kann der Ehemann die **Unterhaltszahlungen,** die er an die Ehefrau leistet, bis zu einem Höchstbetrag in Höhe von z. Zt. 13 805,00 € im Jahr als **Sonderausgaben** absetzen. Entweder erhält der Ehemann am Jahresende eine erhebliche Steuererstattung, oder er lässt sich den Sonderausgabenbetrag als Freibetrag auf der Lohnsteuerkarte eintragen mit der Folge, dass er über ein höheres monatliches Nettoeinkommen verfügt. Voraussetzung für dieses begrenzte Realsplitting ist jedoch, dass die Ehefrau ihre **Zustimmung** erteilt. Dies geschieht durch Unterzeichnung der Anlage U, die der Ehemann zusammen mit der Einkommensteuererklärung beim Finanzamt einreicht. Die Ehefrau muss in der Regel die Anlage U unterzeichnen, wenn sich ihr getrennt lebender oder geschiedener Ehemann im Gegenzug verpflichtet, alle sich aus der Unterzeichnung der Anlage U möglicherweise ergebenden steuerlichen Nachteile zu übernehmen. Solche Nachteile können gegebenenfalls dadurch entstehen, dass die Ehefrau den ihr gezahlten Unterhalt zusammen mit ihrem eigenen Einkommen versteuern muss. Weitere Konsequenzen können die Kürzung des Wohngeldes, der Wohnungsbauprämie oder Ähnliches sein.

All diese steuerlichen oder sonstigen **Belastungen,** die allein auf Grund des begrenzten Realsplittings anfallen, sind von dem Ehemann zu übernehmen. Trotz der Übernahmeverpflichtung ist dieses Verfahren für den getrennt lebenden oder geschiedenen Ehemann häufig steuerlich günstiger.

Eine weitere Möglichkeit der Steuervergünstigung besteht darin, die **Scheidungskosten** als **außergewöhnliche Belastungen** bei der Steuererklärung geltend zu machen. Darunter fallen alle Gerichts- und Anwaltskosten im Zusammenhang mit der Scheidung.

Achtung: Unterschreibt die Ehefrau die Anlage U zur Einkommensteuererklärung ihres Ehemannes, damit dieser seine Unterhaltszahlungen steuerlich absetzen kann, so ist der Ehemann verpflichtet, die steuerliche Mehrbelastung der Ehefrau zu übernehmen. Um jedoch Streitigkeiten zu vermeiden, ist jeder Ehefrau dringend anzuraten, vor Unterzeichnung der Anlage U eine schriftliche Bestätigung des Ehemannes über die Verpflichtung zur Zahlung der anfallenden Steuern zu verlangen. Gleichzeitig sollte der Ehemann schriftlich erklären, dass der Ehefrau ein bestimmter Anteil der Steuerersparnis zusteht. Wird der Sonderausgabenfreibetrag auf der Lohnsteuerkarte des Ehemannes eingetragen, hat die Ehefrau insoweit an der Steuerersparnis Anteil, als sich bei der Unterhaltsberechnung automatisch ein höheres anrechenbares Nettoeinkommen ergibt.

10. Staatliche Unterstützung bei Getrenntleben bzw. nachehelichem Unterhalt

Kann der Trennungs- oder nacheheliche Unterhalt nicht oder nur teilweise bei dem Ehemann durchgesetzt werden, übernimmt der Staat die notwendigen Kosten für den Lebensunterhalt in Form von Arbeitslosengeld II oder Sozialhilfe. Die staatliche Unterstützung besteht aus einem Regelsatz und den tatsächlichen angemessenen Mietkosten einschließlich der tatsächlichen angemessenen Aufwendungen für Heizkosten.

Es ergeht ein einheitlicher Leistungsbescheid, den die Arbeitsgemeinschaft, die in der Regel von der Agentur für Arbeit und kommunalen Trägern gebildet werden soll, erlässt. Damit bekommen erwerbsfähige Hilfsbedürftige und ihre Angehörigen eine einheitliche, bedarfsdeckende Leistung. Die Hilfe zum Lebensunterhalt beträgt für einen alleinstehenden monatlich 345,00 €. Für Haushaltsangehörige bis zur Vollendung des 14. Lebensjahres werden zusätzlich 207,00 € bzw. ab der Vollendung des 14. Lebensjahres 276,00 € als Regelleistung gewährt.

Diese Regelleistung zur Sicherung des Lebensunterhalts umfasst neben dem Bedarf an Ernährung, Körperpflege, Hausrat und den Bedürfnissen des täglichen Lebens auch Beziehungen zur Umwelt und Teilnahme am kulturellen Leben. Die Regelleistung deckt laufende und einmalige Bedarfe pauschaliert ab. Mit der Einführung des SGB II sind zusätzliche Aufwendungen beispielsweise Sommer- und Winterkleidung oder Wohnungsausstattung nicht mehr zusätzlich gedeckt. Allerdings wird der Hilfsbedürftige in der gesetzlichen Krankenversicherung und in der sozialen Pflegeversicherung pflichtversichert, soweit für sie nicht im Rahmen der Familienversicherung Versicherungsschutz besteht.

IV. Hausrat

Spätestens bei der Ehescheidung müssen sich die Partner über die Aufteilung des Hausrates einigen. Unter dem **Begriff** Hausrat fallen alle Gegenstände, die von den Parteien während des Zusammenlebens genutzt wurden. Dazu gehören die gesamte Wohnungseinrichtung, insbesondere Möbel, Lampen, Teppiche, Dekorationsartikel, Bettwäsche, Handtücher, Porzellan, Essbestecke, diverse Haushaltsgeräte wie Waschmaschine, Wäschetrockner, Staubsauger etc.

Die Frage, ob der **Pkw** als Hausrat anzusehen ist, richtet sich nach dem Benutzungsverhältnis. Wird der Pkw ausschließlich von einem Ehepartner genutzt und ist auch auf diesen zugelassen, so dürfte der Pkw nicht dem Hausrat sondern vielmehr dem Zugewinn (Seite 92 ff.) zuzuordnen sein. Wird der Pkw jedoch von beiden Eheleuten genutzt, insbesondere auch von der Ehefrau für Fahrten zum Arbeitsplatz und für Einkaufsfahrten, so ist der Pkw als Hausrat anzusehen. Unter Umständen gehören auch **Kunstgegenstände** und **Antiquitäten** zum Hausrat, wenn es den wirtschaftlichen Verhältnissen der Eheleute entspricht und diese Gegenstände von der Familie tatsächlich genutzt und nicht nur zur Kapitalanlage erworben wurden. Nicht zum Hausrat gehören dagegen die persönlichen Dinge wie Geschenke und Schmuck, des weiteren die persönlichen Gegenstände, die der Ehepartner bereits vor Eheschließung besass, sowie die ausschließlich beruflich genutzten Gegenstände, wie zum Beispiel ein Computer.

Der Hausrat ist nach so genanntem **billigem Ermessen** aufzuteilen, wobei auf die Bedürfnisse der Parteien Rücksicht genommen werden soll. Es sollte z. B. Einigkeit darüber erzielt werden, dass die Ehefrau, die zwei minderjährige Kinder zu versorgen hat, Waschmaschine, Spülmaschine und Trockner erhält, weil sie diese Gegenstände nötiger braucht als der alleinlebende Ehemann. Selbstverständlich ist auch der umgekehrte Fall denkbar. Was die Möbel anbelangt, so sollte auch hier eine vernünftige Aufteilung erfolgen. Es macht wenig Sinn, wenn eine Aufteilung des Hausrates in der Weise erfolgt, dass die Eheleute danach jeweils über eine halbe Küche, ein halbes Wohnzimmer und ein halbes Schlafzimmer verfügen. Vielmehr ist es zweckmäßig, komplette Einheiten zu übertragen, um eine sinnvolle Nutzung zu gewährleisten.

Ergeben sich bei der Verteilung erhebliche **Wertunterschiede,** so können diese finanziell ausgeglichen werden. Ein Anspruch besteht hingegen nicht, da der Grundsatz – Aufteilung nach billigem Ermessen – gesetzlich normiert ist. Wenn eben möglich, sollten die Eheleute die Aufteilung des Hausrates ohne Einschaltung von Anwälten und Gerichten regeln, da ansonsten das Scheidungsverfahren verteuert und häufiger verzögert wird. Grundlage für die Hausratsverteilung anlässlich der Ehescheidung ist die Verordnung über die Behandlung der Ehewohnung und die Hausratsverordnung. Danach hat der Richter nach billigem Ermessen unter Beachtung des Wohles der Kinder die Rechtsverhältnisse der Parteien im Hinblick auf den Hausrat zu regeln (vgl. § 2 Hausratsverordnung). Es ist auch möglich, die Hausratsteilung im Rahmen einer Trennungs- und Ehescheidungsfolgenvereinbarung vorzunehmen.

Beispiel: Elvira B. aus Bottrop hat zusammen mit ihren beiden minderjährigen Kindern die eheliche Wohnung verlassen, nachdem ihr Ehemann sie mehrfach misshandelt hatte. Bis zur Ehescheidung lebt sie mit den Kindern in einem Frauenhaus. Ausser ihren persönlichen Gegenständen und Kleidungsstücken hat sie aus der ehelichen Wohnung nichts mitgenommen. Im Rahmen der Ehescheidung möchte sie erreichen, dass der Hausrat ordnungsgemäß aufgeteilt wird, weil sie demnächst eine eigene Wohnung beziehen kann. Der Ehemann vertritt die Auffassung, dass ihm der ganze Hausrat gehöre, da er ihn schließlich bezahlt habe.

Da eine private Einigung zwischen den Eheleuten hier nicht möglich ist, muss Elvira B. das **Hausratsverteilungsverfahren** nach der Hausratsverordnung bei Gericht zusammen mit der Scheidung einleiten. Für dieses Verfahren ist es erforderlich, dass Elvira B. eine Liste der gesamten Hausratsgegenstände, sowie derjenigen, die sie für sich beansprucht, bei Gericht einreicht. Dieser Liste sollte eine exakte Beschreibung, gegebenenfalls die Typenbezeichnung, den Anschaffungspreis und der Zeitwert der Gegenstände entnommen werden können. Dies ist deshalb notwendig, damit der Gerichtsvollzieher bei einer später möglicherweise erforderlichen Zwangsvollstreckung die Gegenstände auch identifizieren kann.

Entsprechend den oben im Einzelnen dargestellten Grundsätzen wird das Gericht zunächst das komplette Kinderzimmer und aller Voraussicht nach auch die Küche mit allen Küchengeräten Elvira B. übertragen. Die Einrichtungsgegenstände der übrigen Räume wird es auf möglichst sinnvoller Weise verteilen, und nicht etwa nur halbieren. Auf die Tatsache, dass der Ehemann die Hausratsgegenstände bezahlt hat, kommt es nicht an. In den wenigsten Fällen ist die Verteilung des Hausrates erst bei der Ehescheidung vorzunehmen, weil die räumliche Trennung der Eheleute meistens schon viel früher erfolgt und der ausziehende Ehepartner einen Teil der Hausratsgegenstände mitnehmen möchte.

Nach § 1361 a Abs. 1 BGB kann jeder Ehegatte die Gegenstände, die ihm gehören, von dem anderen Ehegatten herausverlangen. Unter Umständen besteht jedoch ein Anspruch des anderen Ehepartners, wenn der Gegenstand zur Führung des Haushalts benötigt wird, wobei insbesondere Kindesbelange eine Rolle spielen. Insoweit gilt das bereits oben gesagte. Wenn die Parteien sich nicht einigen können, entscheidet auch hier das Gericht. Dabei werden die Benutzungsverhältnisse für die Dauer des Getrenntlebens nach § 1361 a BGB geregelt und erst mit der Scheidung wird eine endgültige Entscheidung über die Eigentumsverhältnisse getroffen. Es bleibt den Parteien unbenommen, anlässlich der Trennung eine außergerichtliche endgültige Regelung der Eigentumsverhältnisse herbeizuführen.

V. Ehewohnung

Selbstverständlich steht beiden Eheleuten die Ehewohnung gemeinschaftlich zur Verfügung. Erst dann, wenn ein Zusammenleben unerträglich geworden ist, kann derjenige Ehepartner aus der Wohnung gewiesen werden, der sich störend verhält.

Zieht die Ehefrau aus der Wohnung aus, so sollte sie dafür Sorge tragen, dass sie aus dem gemeinsamen **Mietvertrag** entlassen wird, um nicht möglicherweise weiterhin zur Mietzahlung herangezogen werden zu können. Sollte der Vermieter mit einer Umschreibung des Mietvertrages auf den Ehemann allein nicht einverstanden sein, so kann eine gerichtliche Klärung herbeigeführt werden. Es besteht auch die Möglichkeit, dass der Ehemann die Ehefrau im Innenverhältnis im Hinblick auf die möglichen Mietzahlungen und sonstigen Verpflichtungen aus dem Mietvertrag freistellt. Nimmt der Vermieter die Ehefrau aus dem Mietvertrag in Anspruch, kann diese im Fall der Zahlung die entsprechenden Beträge von ihrem Ehemann zurückverlangen.

Wenn sich Eheleute trennen und keine Einigung über die Benutzung der Ehewohnung finden, kann beim **Familiengericht** ein Antrag auf **vorläufige Zuweisung** gestellt werden. (vergl. § 1361 b Abs. 1 BGB). Dies gilt unabhängig davon, ob ein Scheidungsverfahren eingeleitet worden ist. In der Praxis wird von dieser Regelung häufig Gebrauch gemacht, um überhaupt ein Getrenntleben zu ermöglichen, da viele Ehemänner den Wunsch der Ehefrau, getrennt zu leben, nicht respektieren.

Eine Zuweisung der Ehewohnung an einen Ehepartner allein sollte jedoch erst dann in Betracht kommen, wenn eine **Aufteilung** der Wohnung **nicht möglich** ist bzw. wenn der andere Ehepartner sich nicht an die Aufteilung hält. Erfahrungsgemäß ist das Getrenntleben innerhalb der ehelichen Wohnung für alle Beteiligten ausgesprochen problematisch. Auch gewalttätige Auseinandersetzungen sind keine Seltenheit. Ist erst mal einmal dieses Stadium erreicht, ist ein Zusammenleben innerhalb der ehelichen Wohnung, auch unter Berücksichtigung der Benutzung getrennter Räume nicht zumutbar. Das Gericht wird – wenn die entsprechenden Voraussetzungen vorliegen – den störenden Ehepartner aus der Wohnung verweisen und dem Anderen die Wohnung zur alleinigen Nutzung zuweisen. Hierzu muss der Ehepartner, der die Wohnung für sich beansprucht, dem Gericht die entsprechenden Vorfälle vortragen und auch beweisen. In erster Linie sind solche Fälle gemeint, indem der Ehemann die Ehefrau körperlich brutal misshandelt. Das heißt, es müssen nachweislich schwerwiegende Gründe vorliegen. Rein verbale Auseinandersetzungen sind in der Regel für eine Wohnungszuweisung nicht ausreichend.

Beispiel: Die 28jährige Heike M. aus Köln lebt zusammen mit ihrer 6jährigen Tochter Vannessa und ihrem Ehemann in einer kleinen 3-Zimmer-Wohnung. Auf Grund massiver Alkoholprobleme des Ehemannes kommt es immer wieder zu Gewalttätigkeiten. Zuletzt hat der Ehemann, die Ehefrau so geschlagen, dass sie einen Nasenbeinbruch erlitt. Die Ehefrau ist zunächst in ein Frauenhaus geflüchtet. Jetzt fragt sie nach, ob sie das Recht hat, ihren Ehemann aus der Wohnung zu weisen.

Im vorliegenden Fall darf die beschriebene körperliche Misshandlung nicht einfach hingenommen werden, vor allem, da es sich vermutlich nicht um einen einmaligen Ausrutscher handelt. Vielmehr besteht die Gefahr, dass der Ehemann im betrunkenen Zustand immer wieder gewalttätig wird. Zieht der Ehemann nach der Aufforderung nicht freiwillig aus der ehelichen Wohnung aus, so kann Heike M. einen Antrag an das zuständige Familiengericht auf Ehewohnungszuweisung stellen. Wenn sie dem Familienrichter glaubhaft die Situation schildert und ihre Verletzung auch anhand von ärztlichen Unterlagen nachweisen kann, wird der Richter ihr die Ehewohnung zu alleinigen Nutzung zuweisen und dem Ehemann eine

Frist zur Räumung setzen. Sollte der Ehemann danach die Ehewohnung immer noch nicht verlassen, muss die Ehefrau die **Zwangsvollstreckung** betreiben. Unter Zuhilfenahme der Polizei und des Gerichtsvollziehers wird der Ehemann dann zwangsweise aus der Wohnung gewiesen. Darüber hinaus besteht die Möglichkeit, dem Ehemann das Betreten der Wohnung durch das Gericht untersagen zu lassen.

Haben die Parteien während des Scheidungsverfahrens noch nicht geklärt, wer die Ehewohnung in Zukunft bewohnen wird, kann der Richter die künftigen Rechtsverhältnisse an der Wohnung anordnen (vgl. § 1 Abs. 1 Hausratsverordnung). Nach § 3 derselben Verordnung kann der Richter sogar einem Ehepartner die Wohnung zuweisen, obwohl sie im Eigentum des anderen Ehepartners steht, allerdings nur dann, wenn es darum geht, eine unbillige Härte zu vermeiden. Der Richter ist jedenfalls nicht befugt, Eigentum zu übertragen. Das bedeutet, falls der Nichteigentümer die im Alleineigentum des anderen Ehepartners stehende Wohnung alleine nutzen darf, muss eine **zeitliche Begrenzung** angeordnet werden.

Um die Bekämpfung der häuslichen Gewalt zu verbessern, hat der Gesetzgeber mit In-Kraft-Treten des **Gewaltschutzgesetzes** zum 1. 1. 2002 zentrale rechtliche Vorschriften zur Bekämpfung von Gewalt im allgemeinen und häuslicher Gewalt im Besonderen geschaffen. Zivilrechtliche Schutzmaßnahmen wie Kontakt- und Näherungsverbote zum einen (§ 1 Gewaltschutzgesetz) und ein Wohnungsüberlassungsanspruch der verletzten Person gegen den Täter bei gemeinsamen dauerhaften Haushalt (§ 2 Gewaltschutzgesetz) sind jetzt gesetzlich normiert.

So ist nunmehr der Grundsatz geschaffen „Wer schlägt, muss gehen – das Opfer bleibt in der Wohnung“. Das Gesetz bietet damit Hilfe für die überwiegend weiblichen Opfer, denen nicht länger zugemutet werden kann, selbst für ihren Schutz zu sorgen und dabei auch den Verlust der vertrauten Wohnung und Umgebung in Kauf nehmen zu müssen.

Zudem wird den gerichtlichen Anordnungen durch die Strafandrohung des § 4 Gewaltsschutzgesetz besonderer Nachdruck verliehen. Im Einzelnen bedeutet dies, dass mit dem Antrag auf **Kontaktsperre** bzw. **Wohnungsüberlassungsanspruch** dem Täter bei einem Zuwiderhandeln Geldstrafe oder Freiheitsstrafe bis zu einem Jahr drohen.

Da die Opfer in der akuten Krisensituation allein durch das Gewaltsschutzgesetz nicht umfassend geschützt sind, haben inzwischen einzelne Bundesländer die **Interventionsmöglichkeiten** der Polizei erweitert und die polizeilichen Eingriffsgrundlagen bei häuslicher Gewalt gesetzlich normiert. Etwa kann die **Polizei** in Nordrhein-Westfalen zum Beispiel eine Person aus ihrer Wohnung und dem unmittelbar angrenzenden Bereich verweisen, wenn dies erforderlich ist, um eine dringende Gefahr für Leib, Leben oder Freiheit von Bewohnerinnen und Bewohnern derselben Wohnung abzuwehren. Unter den gleichen Voraussetzungen kann ein Betretungsverbot angeordnet werden. Dieses endet 10 Tage nach seiner Anordnung. In dieser Zeit besteht die Möglichkeit, einen entsprechenden zivilrechtlichen Antrag auf Erlass einer einstweiligen Anordnung auf Überlassung der gemeinsam genutzten Wohnung zur alleinigen Nutzung zu stellen. Ist ein Antrag gestellt, kann der Ehemann bis zu 20 Tagen durch die Polizei aus der ehelichen Wohnung entfernt werden.

Wegen der Eilbedürftigkeit entscheiden die meisten Gerichte **ohne mündliche Verhandlung,** wenn der Antragsteller glaubhaft macht, die erforderlichen Maßnahmen im Sinne des Gewaltsschutzgesetzes seien erforderlich, um weitere Verletzungen abzuwenden. Dies erfolgt durch Abgabe einer schriftlichen eidesstattlichen Versicherung.

VI. Güterstände

1. Zugewinngemeinschaft

Durch das Gleichberechtigungsgesetz vom 18. 6. 1957 wurde die Zugewinngemeinschaft zum gesetzlichen Güterstand bestimmt. Gemäß § 1363 Abs. 1 BGB leben die Eheleute im Güterstand der Zugewinngemeinschaft, wenn sie nicht durch einen Ehevertrag etwas anderes vereinbaren.

Durch diese gesetzliche Regelung soll erreicht werden, dass jeder Ehegatte an dem gemeinsam Erarbeiteten, sei es durch Berufstätigkeit oder Haushaltsführung in gleichem Umfang beteiligt wird. Es soll dem Grundsatz der Gleichberechtigung von Mann und Frau auf dem Gebiet des Vermögensrechts innerhalb der Ehe entsprochen werden.

Dabei ist folgendes zu beachten:

Eigentumsverhältnisse werden durch die Eheschließung nicht verändert. Gem. § 1363 Abs. 2 BGB gibt es kein gemeinschaftliches Vermögen:

> Das Vermögen des Mannes und das Vermögen der Frau werden nicht gemeinschaftliches Vermögen der Ehegatten; dies gilt auch für Vermögen, dass ein Ehegatte nach der Eheschließung erwirbt. Der Zugewinn, den die Ehegatten in der Ehe erzielen, wird jedoch ausgeglichen, wenn die Zugewinngemeinschaft endet.

Gem. § 1364 BGB verwaltet jeder Ehegatte sein Vermögen selbständig. Allerdings gibt es **Einschränkungen:**

Gem. § 1365 Abs. 1 BGB kann ein Ehegatte sich nur mit Einwilligung des anderen Ehegatten verpflichten, über sein Vermögen im Ganzen zu verfügen. Nach der BGH Rechtssprechung verfügt ein Ehepartner nicht über sein „Vermögen im Ganzen, wenn ihm bei einem kleinen Vermögen (ca. 22 000,00 €) ein Restvermögen von 15 % und bei einem größeren Vermögen (ca. 250 000,00 €) ein Restvermögen von 10 % verbleibt.

Gemeinschaftliches Eigentum der Eheleute sind nur solche Gegenstände, die gemeinsam angeschafft wurden, wie z. B. bei Grundstücken oder Häuser, wenn beide im Grundbuch als Eigentümer eingetragen sind. Insoweit gelten dieselben Vorschriften für den Erwerb gemeinschaftlichen Eigentums, wie auch bei Personen, die nicht miteinander verheiratet sind. Es macht keinen Unterschied, ob sich mehrere Personen, die z. B. miteinander geschäftliche Beziehungen pflegen, ein Haus oder Grundstück anschaffen, oder ob ein Ehepaar so verfährt.

Im Grunde handelt es sich beim Güterstand der Zugewinngemeinschaft um eine Art Gütertrennung mit Zugewinnausgleich bei Beendigung des Güterstandes. Das heißt:

Wird der Güterstand aufgelöst, soll das erwirtschaftete Vermögen gerecht verteilt werden.

a) Zugewinnausgleich. Um den Zugewinnausgleich zu ermitteln, muss man zunächst den Zugewinn eines jeden Ehepartners errechnen. Den Zugewinnausgleich ermittelt man nach folgender Formel:

Endvermögen
./. Anfangsvermögen
= Zugewinn

Ist das Endvermögen höher als das Anfangsvermögen ist die **Differenz** der Zugewinn (vgl. § 1373 BGB).

Ist das Endvermögen niedriger als das Anfangsvermögen, wurde ein Zugewinn nicht erwirtschaftet. Es gibt mithin keinen negativen Zugewinn.

Zum **Endvermögen** gehören alle Vermögenswerte, die bei Beendigung des Güterstandes bei dem jeweiligen Ehepartner vorhanden sind (vgl. § 1375 Abs. 1 BGB). Dabei sollte die Ehefrau unbedingt berücksichtigen, dass der maßgebliche Stichtag für die Beendigung des Güterstandes nicht etwa der Zeitpunkt der Trennung, sondern die Zustellung des Scheidungsantrages an den anderen Ehepartner ist (vgl. § 1384 BGB). Alle Vermögenswerte, die an diesem Stichtag vorhanden sind, unterliegen der Ausgleichspflicht. Vermögenswerte Positionen sind z. B. Immobilien, Aktien, Lebensversicherungen mit dem maßgeblichen Rückkaufswert und Gewinnanteilen, Firmenwerte oder Geschäftsbeteiligungen, Bausparverträge, Sparguthaben, Bargeld, Forderungen etc., so genannte Aktiva.

Beispiel: Helmine und Waldemar H aus Köln haben im Jahre 1963 die Ehe geschlossen.
Beide Eheleute verfügten zum Zeitpunkt der Eheschließung über kein Anfangsvermögen. Im Dezember 2005 reicht Waldemar H. die Scheidung ein, weil er auf einer Kegeltour die 30-jährige Silke S. kennen und lieben gelernt hatte. Helmine H. ist zwar bereit, ihren Ehemann gehen zu lassen, jedoch nicht mit seinem gesamten Vermögen. Während der Ehe hat Waldemar H. Grundbesitz im Wert von 500 000 € sowie Wertpapiere im Wert von 100 000 € erworben. Helmine H. hingegen hat nur ein Sparguthaben in Höhe von 20 000,00 €.

Im Rahmen des Zugewinnausgleichs ist Helmine H. an dem Vermögen ihres Mannes zu beteiligen. Man errechnet zunächst den Zugewinn eines jeden Ehepartners, der sich aus der Differenz zwischen dem End- und Anfangsvermögen ergibt. Rein rechnerisch ermittelt sich der Zugewinn der beiden Eheleute wie folgt:

Endvermögen Waldemar H.

Immobilie	500 000,00 €
Wertpapiere	100 000,00 €
	600 000,00 €
abzgl. Anfangsvermögen	0,00 €
= Zugewinn	600 000,00 €

Endvermögen Helmine H.

Sparguthaben	20 000,00 €
abzgl. Anfangsvermögen	0,00 €
= Zugewinn	20 000,00 €

Hierbei ist vorausgesetzt worden, dass der **Wert** des **Grundbesitzes** eindeutig zu ermitteln ist, bzw. dass die Parteien sich auf den Wert geeinigt haben. Andernfalls muss gegebenenfalls ein Sachverständiger den Wert der Immobilie ermitteln.

Es ergibt sich mithin eine Differenz zwischen den beiden Zugewinnen in Höhe von 580 000,00 €.

Waldemar H. muss an seine Ehefrau den hälftigen Betrag, mithin 290 000,00 € als Zugewinnausgleich an seine Ehefrau zahlen.

Zum **Anfangsvermögen** gehören ebenfalls sämtliche Vermögenspositionen abzgl. der Schulden, die die Ehepartner bei der Heirat, also bei Eintritt des Güterstandes der Zugewinngemeinschaft hatten (vgl. § 1374 Abs. 1 BGB). Dazu gehören wie beim Endvermögen z. B. Immobilien, Aktien, Lebensversicherungen, etc. Auch Schulden werden im Anfangsvermögen berücksichtigt. Übersteigen die Verbindlichkeiten das Aktiva, so wird das Anfangsvermögen nicht mit einem Minusbetrag sondern mit Null angesetzt.

Jeder Ehepartner ist für den Bestand seines Anfangsvermögens darlegungs- und beweispflichtig.

Abwandlung des obigen Beispiels: Bei Eheschließung im Jahre 1962 verfügte Waldemar H. über ein Anfangsvermögen in Höhe von 10 000 € und Helmine H. über ein Anfangsvermögen in Höhe von 5000 €

Um einen **aussagefähigen Vergleich** des Anfangsvermögens mit dem Endvermögen zu erreichen, muss zunächst der Kaufkraftschwund ausgeglichen werden. Das gesamte Anfangsvermögen muss im Hinblick auf die Geldentwertung hochgerechnet, im Juristendeutsch indexiert werden.

Dies geschieht nach folgender Formel: Wert des Anfangsvermögens bei Beginn des Güterstandes x Index Endstichtag: Index Anfangstichtag = Anzurechnendes Anfangsvermögen

Der **Lebenshaltungskostenindex,** der vom statistischen Bundesamt festgesetzt wird, ist bei diesem, aber auch bei Anwälten, Notaren, Banken und Sparkassen zu erfragen.

Im vorliegenden Beispiel wird von einem Preisindex von 100 im Jahre 2000 ausgegangen; daraus ergibt sich für das Jahr 1962 ein Preisindex in Höhe von 31,0 und für das Jahr 2005 in Höhe von 107,9.

Das Anfangsvermögen von Waldemar H. berechnet sich daher wie folgt:

10 000,00 € x 107,9/31,0 = 34 806,00 €

Das Anfangsvermögen von Helmine H. berechnet sich wie folgt:

5000,00 € x 107,9/31,0 = 17 403,00 €

Den Zugewinn berechnet man nunmehr wie folgt:

Endvermögen Waldemar H.

Immobilie	500 000,00 €
Wertpapiere	100 000,00 €
	600 000,00 €
abzüglich Anfangsvermögen	34 806,00 €
gleich Zugewinn	**565 194,00 €**

Endvermögen Helmine H.

Sparguthaben	20 000,00 €
abzgl. Anfangsvermögen	17 403,00 €
gleich Zugewinn	**2597,00 €**

Somit ergeben sich folgende Berechnungen:

Zugewinn Waldemar	565 194,00 €
abzgl. Zugewinn Helmine	2597,00 €
	562 597,00 €
davon 1/2 = Zugewinnausgleich	**281 298,50 €**

Zweck der Zugewinngemeinschaft ist es, dass das gemeinsam erwirtschaftete Vermögen untereinander ausgeglichen wird. Es ist zu berücksichtigen, dass Erbschaften, Schenkungen und Ausstattungen – also Zuwendungen von außen –, die während der Ehe erfolgen und sich somit im Endvermögen des Partners befinden, nicht zum Zugewinn zählen. Sie werden deshalb auch dem Anfangsvermögen hinzugerechnet (vgl. § 1374 Abs. 2 BGB). Dadurch soll verhindert werden, dass der andere Ehepartner an der Erbschaft bzw. Schenkung in voller Höhe im Rahmen des Zugewinnausgleichs beteiligt wird. Vielmehr soll der Ehegatte nur an dem Wertzuwachs teilhaben. Hat z. B. das im Wege der Erbschaft erlangte Haus einen Wert in Höhe von 250 000 € und bei Beendigung des Güterstandes, z. B. aufgrund erheblicher Renovierungen, einen Wert in Höhe von 500 000 €, so fallen nur 250 000 € in die Verteilungsmasse, wobei allerdings die Indexierung zu berücksichtigen ist.

Abwandlung des vorstehenden Beispiels: Waldemar hat während der Ehezeit im Jahre 1998 einen Geldbetrag in Höhe von umgerechnet 50 000,00 € geerbt, den er in seine Immobilie investiert hat.

Die Erbschaft ist daher auch im Anfangsvermögen zu berücksichtigen.

Es ist eine Indexierung nach der vorstehenden Formel vorzunehmen, so dass sich für die Erbschaft ein indexierter Betrag in Höhe von 55 051,00 € ergibt.

Die Zugewinnberechnung sieht wie folgt aus:

Endvermögen Waldemar H.

Immobilie	500 000,00 €
Wertpapiere	100 000,00 €
	600 000,00 €
abzüglich Anfangsvermögen	34 806,00 €
abzüglich Erbschaft indexiert	55 051,00 €
= Zugewinn	510 143,00 €

Endvermögen Helmine H.

Sparguthaben	20 000,00 €
abzgl. Anfangsvermögen	17 403,00 €
= Zugewinn	2597,00 €

Somit ergeben sich folgende Berechnungen:

Zugewinn Waldemar	510 143,00 €
abzgl. Zugewinn Helmine	2597,00 €
	507 546,00 €
davon 1/2 = Zugewinnausgleich	253 773,00 €

Waldemar H. hat 253 773,00 € als Zugewinnausgleich an seine Ehefrau Helmine H. zu zahlen.

In der **Praxis** kommt es nicht selten vor, dass Ehemänner, die die Scheidung systematisch vorbereiten, bei Zustellung des Scheidungsantrages an die Ehefrau offiziell über keine Vermögensposition mehr verfügen. Hat die Ehefrau überhaupt keine Information über das vorhandene Vermögen, so wird es ihr sehr schwer fallen, dass ursprüngliche Vermögen ihres Ehemannes nachzuweisen. Von daher ist jeder Ehefrau anzuraten, sich einen **Überblick** über die **Vermögenssituation** ihres Ehemannes zu verschaffen, in dem sie aussagekräftige Unterlagen, Sparbücher, Wertpapiere, Rechnungen usw. kopiert, damit im Falle des Bestreitens entsprechende Nachweise erbracht werden können. Vorsicht ist auch geboten, wenn der Ehemann im Wissen um das anstehende Ehescheidungsverfahren durch Zuwendungen an Dritte und Vermögensverschwendungen den Zugewinnausgleich vereiteln will. Das Gesetz versucht solchen Absichten entgegen zu treten, in dem es vorschreibt, dass bestimmte nachweislich unverhältnismäßige Schenkungen und unwirtschaftliche Ausgaben dem Endvermögen hinzugerechnet werden müssen.

Dabei handelt es sich um **illoyale Vermögensminderungen.** Unter illoyalen Vermögensminderungen versteht man gem. § 1375 Abs. 2 BGB:

- Unentgeltliche Zuwendungen, durch die ein Ehegatte nicht seiner sittlichen Pflicht oder einer auf den Anstand zu nehmenden Rücksicht entsprochen hat,
- Vermögensverschwendungen oder
- Handlungen in der Absicht, den anderen Ehegatten zu benachteiligen.

Beispiel: Karo und Eugen S. aus Köln sind seit 20 Jahren verheiratet. Eugen S. hat seit 3 Jahren eine 20 Jahre jüngere Geliebte.

Karo reicht die Scheidung ein. Der Scheidungsantrag wird Eugen am 1.9. 2005 zugestellt.
Das Endvermögen von Eugen beträgt zum Stichtag (Zustellung des Scheidungsantrages) 500 000,00 €.
Während des Trennungsjahres hat er seiner Geliebten eine Eigentumswohnung im Wert von 60 000,00 € geschenkt.

Da es sich bei der Schenkung um eine illoyale Vermögensminderung handelt, ist dem Endvermögen von Eugen ein Betrag in Höhe von 60 000,00 € fiktiv hinzuzufügen, so dass Karo, die über keinen Zugewinn verfügt einen Zugewinnausgleichsanspruch in Höhe des hälftigen Betrages, mithin 280 000,00 € zusteht.

Die Eheleute sind wechselseitig verpflichtet, **Auskunft** über ihr Endvermögen, bestehend aus sämtlichen Aktiva und Passiva, durch Vorlage eines geordneten Bestandsverzeichnisses mit den dazugehörigen Belegen zu erteilen. Dieser Auskunftsanspruch besteht jedoch erst ab dem Stichtag, von dem an der Zugewinnausgleichsanspruch – Zustellung des Scheidungsantrages an den anderen Ehepartner oder ein sonstiger vereinbarter **Stichtag** – geltend gemacht werden kann. Kommt ein Ehepartner dieser Verpflichtung nicht nach, kann eine Auskunftsklage angestrengt werden. Notfalls kann der sich weigernde Ehegatte durch Ordnungsgeld oder Ordnungshaft dazu gezwungen werden, Auskunft zu erteilen. Ein Auskunftsanspruch hinsichtlich des Anfangsvermögens besteht dagegen nicht.

Die **Ausgleichsforderung** ist mit Beendigung des Güterstandes, also nach der rechtskräftigen Scheidung, **fällig.** Sie muss innerhalb der nächsten drei Jahre (nach der Mitteilung über die Beendigung des Güterstandes) geltend gemacht werden, da sie ansonsten verjährt. Würde eine sofortige Zahlung des Zugewinnausgleiches den Ausgleichspflichtigen besonders hart treffen, z. B. wenn er langfristig angelegtes Kapital durch unwirtschaftliche Maßnahmen flüssig machen müsste und damit die Existenz seines Unternehmens gefährdet, kann unter Umständen eine Stundung vereinbart werden.

Der Ausgleichsberechtigte, der dann länger auf sein Geld warten muss, hat jedoch Anspruch auf **Verzinsung** der Ausgleichsforderung und eine Sicherheitsleistung, die das Familiengericht festlegt.

Bis zur Rechtskraft der Scheidung sind **Vereinbarungen** über den Ausgleich des Zugewinns formbedürftig, das heißt, sie bedürfen der

notariellen Beurkundung. Die notarielle Beurkundung kann aber auch durch einen gerichtlichen Vergleich im Scheidungsverfahren ersetzt werden.

Ab Rechtskraft der Scheidung sind Vereinbarungen über den Zugewinnausgleich formfrei.

Die Nichtbeachtung dieser Vorschriften kann zu erheblichen Nachteilen führen. Hierzu folgendes Beispiel:

Beispiel: Barbara O. aus Essen hat sich von ihrem Ehemann Dr. Elmar H. getrennt. Bei der Trennung haben beide ein gemeinsam unterzeichnetes Schreiben aufgesetzt, in welchem es u. a. heißt:

„Wir teilen unser Barvermögen wie folgt auf: Jeder von uns erhält 200 000 €. Das Scheidungsverfahren wird erst fünf Jahre später durchgeführt".

Trotz der getroffenen Vereinbarung verlangt Dr. H. von seiner Ehefrau den Zugewinn, da er seine 200 000 € ausgegeben hat, während Barbara O. ihre 200 000 € gewinnbringend angelegt hat. Barbara O. ist empört.

Da die Eheleute dem Formerfordernis der notariellen Beurkundung nicht Rechnung getragen haben, ist ihre **Vereinbarung** insofern **unwirksam.** Dr. H. kann von seiner Ehefrau einen Zugewinn verlangen, wobei der Betrag in Höhe von 200 000 € zuzüglich Zinsen in die Zugewinnausgleichsberechnung mit einzustellen ist. Sollte Dr. H. bei Vorliegen des Stichtages-Zustellung des Scheidungsantrages an seine Ehefrau Barbara O.-über kein Vermögen mehr verfügen, hat Barbara O. die Hälfte ihres Zugewinns an ihren Ehemann als Zugewinnausgleich auszukehren.

Wichtig: Der Zugewinnausgleich wird zwar bezogen auf den Stichtag – Zustellung des Scheidungsantrages berechnet-, ist allerdings der Höhe nach begrenzt auf das Vermögen, dass bei Beendigung des Güterstandes noch vorhanden ist, § 1378 Abs. 2 BGB.

b) Vorzeitiger Zugewinnausgleich. Leben Eheleute seit 3 Jahren getrennt, kann auf so genannten vorzeitigen Zugewinnausgleich geklagt werden (vgl. § 1385 BGB). Da dafür nicht unbedingt ein Scheidungsverfahren eingeleitet sein muss, ist der **Stichtag** der Berechnung des Zugewinns natürlich nicht die Zustellung des Scheidungsantrages, sondern der Zeitpunkt der Klageerhebung (vgl. § 1387 BGB).

Sobald das Urteil rechtskräftig geworden ist, tritt der Güterstand der **Gütertrennung** ein, auch wenn die Ehe noch weiter besteht.

Auf vorzeitigen Zugewinnausgleich kann auch geklagt werden, wenn einem Ehepartner eine **Vernachlässigung** oder **Verletzung wirtschaftlicher Verpflichtungen,** die sich aus der Ehe ergeben, vorzuwerfen ist und man davon ausgehen muss, dass dies auch in Zukunft der Fall sein wird. Das gleiche gilt, wenn eine erhebliche Gefährdung der künftigen Ausgleichsforderung zu befürchten ist (vgl. § 1386 Abs. 3 BGB). Dies ist beispielsweise dann der Fall, wenn der Ehemann seine Immobilien weit unter Verkehrswert veräußert oder verschenkt.

2. Modifizierte Zugewinngemeinschaft

Häufig wünschen Ehepartner bei Eheschließung, dass das bereits vorhandene Vermögen, geerbte Vermögen oder Unternehmerbeteiligungen, für den Fall der Scheidung, bei dem Zugewinnausgleich nicht berücksichtigt werden sollen. Um diesem Wunsch Rechnung zu tragen, ist nicht unbedingt die Gütertrennung erforderlich, es kann vielmehr eine so genannte modifizierte Zugewinngemeinschaft vereinbart werden.

Danach bleiben **einzelne Vermögenswerte,** zum Beispiel die bereits vorhandene Immobilie oder das Unternehmen bei der Berechnung des Zugewinnausgleichs aussen vor. Das bedeutet, dass der andere Ehepartner zwar nicht an dem bereits bei Eheschließung vorhandenen Vermögen partizipiert, es jedoch grundsätzlich bei der Zugewinngemeinschaft verbleiben soll, so dass er an den anderen Vermögenswerten im Rahmen der Zugewinnberechnung teilhat.

Für die Wahl dieser güterrechtlichen Zuordnung ist eine **notarielle Beurkundung** notwendig.

3. Gütertrennung

Die Eheleute können auch den gesetzlichen Güterstand der Zugewinngemeinschaft ausschließen und Gütertrennung vereinbaren.

Der Gütertrennungsvertrag ist in **notarieller Form** zwingend vorgeschrieben.

Bei der Gütertrennung gibt es zwei voneinander **unabhängige Vermögen,** nämlich das Vermögen des Ehemannes und das der Ehefrau. Jeder verwaltet sein Vermögen selbst. Die Eheleute sind auch berechtigt, ihre Einkünfte für ihre eigenen Zwecke zu verwenden.

Bei Beendigung der Ehe findet daher ein Vermögensausgleich nicht statt.

VII. Erbrechtliche Folgen

Eine Scheidung wirkt sich automatisch auf das gesetzliche Erbrecht unter Eheleuten aus, da das gesetzliche Erbrecht das Bestehen einer gültigen Ehe voraussetzt. Wird die Ehe geschieden, verliert der geschiedene Ehegatte seine Erb- und Pflichtteilsansprüche. Für die Kinder hat eine Scheidung dagegen im Bereich des gesetzlichen Erbrechts keine Konsequenzen.

Für das **gesetzliche Erbrecht** der Ehegatten sind zwei Punkte von entscheidender Bedeutung nämlich zum einen, ob Verwandte des Erblassers vorhanden sind und welcher Ordnung diese angehören und zum anderen in welchem Güterstand die Ehepartner im Zeitpunkt des Erbfalls leben. Der Ehegatte selbst ist nicht mit seinem Partner verwandt, § 1589 BGB. Bei rein erbrechtlicher Betrachtung erbt der Ehegatte neben den Verwandten erster Ordnung – Abkömmlinge des Erblassers – (gem. § 1924 Abs. 1 BGB), 1/4 neben den Erben zweiter Ordnung – Eltern des Erblassers und deren Abkömmlinge – (gem. § 1925 Abs. 1 BGB) oder den Großeltern – allerdings nicht deren Abkömmlinge – 1/2 (§ 1931 Abs. 1 Satz 1 BGB) und neben den Erben der dritten und aller weiteren Ordnungen, wenn keine Großeltern vorhanden sind allein (§ 1931 Abs. 2 BGB).

Diese erbrechtliche Regelung wird über güterrechtliche Gesichtspunkte korrigiert, da im gesetzlichen Güterstand der Zugewinngemeinschaft der Anteil an dem Erbe für den Ehegatten um 1/4 erhöht wird, § 1371 Abs. 1 BGB. Neben den Abkömmlingen des Erblassers also den Kindern, erbt der Ehepartner 1/2. Neben Erben der zweiten Ordnung – Eltern des Erblassers und deren Abkömmlingen – und den Großeltern 3/4. Sollte der Ehepartner nicht Erbe werden, da beispielsweise direkt die Kinder zur Erbschaft berufen sind oder andere erben oder erhält er auch kein Vermächtnis, bleiben ihm in jedem Falle der Zugewinnausgleichsanspruch von 1/4 und sein Pflichtteil, § 1371 Abs. 2 BGB.

Etwas anderes gilt, wenn der Güterstand der **Gütertrennung** vereinbart ist. Hier gilt § 1931 Abs. 4 BGB. Die Kinder dürfen jeweils nicht mehr als der Ehegatte erben. Es kommt also auf die Zahl der Kinder an. Ist nur ein Kind vorhanden, würde dies nach allgemeinen Grundsätzen ¾ erben. Zwei Kinder würden ebenfalls mehr als der Ehegatte, nämlich jeweils ⅜ erhalten. Durch § 1931 Abs. 4 BGB wird der Ehepartner mindestens jedem einzelnen Kind gleichgestellt. Er erhält neben einem Kind ½ und neben zwei Kindern ⅓. Bei drei oder mehr Kindern erhält er mindestens ¼, § 1931 Abs. 1 Satz 1 BGB, so dass dann eine gesonderte Überprüfung nicht mehr erforderlich ist.

Darüber hinaus kennt das Gesetz ein **gesetzliches Vermächtnis** des überlebenden Ehegatten, welches in § 1932 BGB geregelt ist und mit „Voraus" bezeichnet wird. Danach stehen dem überlebenden Ehegatten neben den Eltern und Geschwistern des Verstorbenen außer seinem Erbteil die zum Haushalt gehörenden Gegenstände – soweit sie nicht Zubehör eines Grundstückes sind – sowie die Hochzeitsgeschenke zu.

Bei all diesen erbrechtlichen Ansprüchen eines Ehegatten ist Voraussetzung, dass zum **Zeitpunkt** des Todes des Ehepartners eine **gültige Ehe** besteht. Dabei ist es unerheblich, wie lange die Ehe gedauert hat und ob die Eheleute zum Zeitpunkt des Erbfalls bereits getrennt gelebt haben.

Stirbt jedoch ein Ehegatte zu einem Zeitpunkt, zu dem bereits die Voraussetzungen für die Scheidung vorlagen und hat der Erblasser die Scheidung beantragt bzw. dieser zugestimmt, dann tritt die Sonderregelung des § 1933 BGB in Kraft. Das Erbrecht und das Recht auf den „Voraus" entfallen und dem überlebenden Ehepartner steht lediglich ein **Unterhaltsanspruch** zu, der gewährleisten soll, dass er zumindest in etwa so gestellt wird, als wäre die Ehe durch Scheidung beendet worden (vgl. §§ 1569 bis 1586 b BGB).

Selbstverständlich können Eheleute, genau wie nicht verheiratete Personen, durch **letztwillige Verfügungen** wie Testamente und Erbverträge Regelungen treffen, die von der gesetzlichen Erbfolge abweichen. Darüber hinaus haben Ehepaare nach § 2265 BGB die Möglichkeit, ein so genanntes gemeinschaftliches Testament abzufassen. Sinn dieser Regelung ist es, den Eheleuten die Möglichkeit einzuräumen, ihre erbrechtlichen Verhältnisse gemeinsam zu regeln und auch so voneinander abhängig zu machen, dass sie nicht einseitig oder nur unter ganz bestimmten Voraussetzungen geändert werden können.

Unwirksam wird ein gemeinschaftliches Testament dann, wenn zur Zeit des Todes eines Partners die Voraussetzungen für die Scheidung der Ehe gegeben waren und der Erblasser die Scheidung beantragt oder ihr zugestimmt hatte (vgl. § 2268 Abs. 1 i. V. m. § 2077 Abs. 1 Satz 2 BGB). Dies soll nur dann nicht gelten, wenn anzunehmen ist, dass die im gemeinschaftlichen Testament vorgenommenen Verfügungen auch trotz der vorgenannten Voraussetzungen getroffen worden wären.

Haben Eheleute **Einzeltestamente** errichtet, wirkt sich eine Ehescheidung auf diese nicht aus. Selbstverständlich ist jeder Ehepartner berechtigt sein Testament nach allgemeinen erbrechtlichen Vorschriften zu widerrufen (vgl. §§ 2253 ff. BGB).

Anders liegt der Fall bei Verträgen. Hier besteht die Möglichkeit des Widerrufs nicht. Der Erblasser kann aber den **Erbvertrag** entweder anfechten (vgl. §§ 2281 f. BGB) oder aber von ihm zurücktreten (vgl. §§ 2293 f. BGB). Die Scheidung selbst wirkt sich auf den Erbvertrag nicht aus. Nach § 2294 BGB ist der Erblasser allerdings berechtigt, von einer vertragsmäßigen Verfügung zurückzutreten, wenn sich der Bedachte einer Verfehlung schuldig gemacht hat, die den Erblasser zur Entziehung des Pflichtteils berechtigt. Da spätestens mit der Ehescheidung das Pflichtteilsrecht entfällt, liegen die Voraussetzungen für den Rücktritt vom Erbvertrag vor.

Auf weitere Einzelheiten des Ehegattenerbrechtes sowie seine Beziehungen zum ehelichen Güterrecht kann wegen der Komplexität der damit verbundenen Rechtsfragen an dieser Stelle nicht eingegangen werden.

Noch ein wichtiger Tipp: Es ist dringend erforderlich, bei der Trennung gemeinsame Girokonten aufzulösen, um nicht für plötzliche Abhebungen des Ehemannes zu haften. Die Ehefrau sollte ihrer Bank mitteilen, nicht länger Mitinhaberin des Kontos sein zu wollen. Befindet sich das gemeinsame Konto im Plus, bestehen in der Regel keine Schwierigkeiten. Die Ehefrau sollte ein neues Konto einrichten und auch dafür Sorge tragen, dass ihr Geld auf das neue Konto eingezahlt wird, da ansonsten die Ehefrau Gefahr läuft, dass der Ehemann sämtliches Guthaben „abräumt". Bestehen gemeinsame Schulden, so muss eine Vereinbarung über die Schuldenrückführung getroffen werden. Geht ein Ehepartner gegenüber der Bank in Vorlage, so kann im Rahmen des Gesamtschuldnerausgleichs der andere Ehepartner verpflichtet werden, den hälftigen Betrag zu zahlen. Hat der Ehemann lediglich eine Kontovollmacht für das Konto der Ehefrau, so sollte bei der Trennung diese Kontovollmacht widerrufen werden, um zu verhindern, dass möglicherweise weitere Gelder abgehoben werden.

VIII. Trennungs- und Ehescheidungsfolgenvereinbarung

Neben den oben aufgezeigten Möglichkeiten, Ehescheidungsfolgesachen im Falle einer Trennung oder Scheidung durch die Familiengerichte regeln zu lassen, besteht die Möglichkeit, solche Regelungen durch Verträge zwischen den Eheleuten herbeizuführen. Dies gilt für Kindesunterhalt, Getrenntleben bzw. nachehelichen Unterhalt, Versorgungsausgleich, Hausrat, Ehewohnung, Zugewinn sowie die Kosten der Scheidung. Bei der **Abfassung** solcher Verträge sind die persönlichen wirtschaftlichen Verhältnisse der Parteien zu berücksichtigen. So kommt es darauf an, welches Alter die Ehepartner haben, ob Kinder vorhanden sind, ob die Vermögensverhältnisse eher gleich oder unterschiedlich sind, ob beide Parteien berufstätig sind oder ob es sich um eine so genannte Alleinverdienerehe handelt. Die Sach- und Rechtslage kann ausgesprochen umfangreich und kompliziert sein. Dementsprechend sind solche Verträge für den Laien oft nicht verständlich und überschaubar. Es muss daher dringend davon abgeraten werden, ohne genaue Prüfung durch einen Anwalt einen solchen Vertrag zu unterzeichnen. Dies gilt umso mehr, wenn der Ehemann eine solche Vereinbarung ausschließlich zu seinen Gunsten von seinem Anwalt hat entwerfen lassen. Der Anwalt des Ehemannes kann nicht gleichzeitig die widerstreitenden Interessen der Ehefrau vertreten. Vor Unterzeichnung des Ehevertrages sollte dieser daher von einem Anwalt der Ehefrau überprüft werden. Ist dann zwischen den Parteien eine Einigung erzielt worden, kann der Ehevertrag, soweit erforderlich, notariell beurkundet werden. Wie eine solche Vereinbarung aussehen kann, ergibt sich aus nachstehend abgedruckten **Beispiel:**

Urkundenrolle-Nr.

Verhandelt zu Duisburg am 10. 12. 2005

Vor dem unterzeichneten Notar Willibald Mustermann in Duisburg erschienen heute:

1. Herr Peter Müller, geboren am 8. 4. 1964, Angestellter
wohnhaft: Beispiel Str. 36, 47051 Duisburg – ausgewiesen durch Vorlage des gültigen Personalausweises –

2. Frau Maria Müller, geborene Kowalzik, geboren am 6. 4. 1966, Arzthelferin,
wohnhaft: Beispiel Str. 94, 47051 Duisburg – ausgewiesen durch Vorlage des gültigen Personalausweises –

Die Erschienen erklären:
Wir sind getrennt lebende Eheleute. Aus unserer Ehe ist der Sohn Wilfried, geb. am 23. 12. 1993 hervorgegangen. Wir treffen folgende Scheidungsvereinbarung:
Die Erschienenen verneinten die Frage des Notars nach einer Vorbefassung im Sinne des §§ 3 Abs. 1 Nr. 7 Beurkundungsgesetz (BeurkG).

§ 1 Kindesunterhalt
Der Erschienene zu 1.) verpflichtet sich Kindesunterhalt für den Sohn Wilfried in Höhe von monatlich 582,00 € ab dem 1. 1. 2006 zu Händen der Erschienen zu 2.) monatlich im Voraus zu zahlen. Das Kindergeld, dass die Erschienene zu 2.) für den Sohn Wilfried erhält, wird auf diesen Unterhalt nicht angerechnet.

§ 2 Trennungsunterhalt
Der Erschienene zu 1.) verpflichtet sich eine monatliche Unterhaltsrente in Höhe von 1000,00 € bis spätestens zum 3. Werktag eines jeden Monats beginnend ab dem 1. 1. 2006 an die Erschienene zu 2.) zu zahlen.

§ 3 Nachehelicher Unterhalt

Der Erschiene zu 1.) verpflichtet sich eine monatliche Unterhaltsrente in Höhe von 800,00 € bis spätestens zum 3. Werktag eines jeden Monats an die Erschienene zu 2.) zu zahlen. Diese Regelung gilt für die Dauer von drei Jahren, beginnend mit dem 1. des auf die Rechtskraft der Scheidung folgenden Monats. Danach schuldet der Erschienene zu 1.) nachehelichen Unterhalt nach den gesetzlichen Vorschriften.

§ 4 Krankenversicherung

Der Erschienene zu 1.) verpflichtet sich, die bisherige private Krankenversicherung der Erschienen zu 2.) und des gemeinsamen Kindes aufrechtzuerhalten.

§ 5 Elterliche Sorge

Die Erschienenen sind sich darüber einig, dass die elterliche Sorge für den gemeinsamen Sohn Wilfried beiden belassen bleiben soll.
Es besteht ferner Einigkeit, dass das Kind seinen gewöhnlichen Aufenthalt bei der Erschienenen zu 2.) hat.

§ 6 Umgangsrecht

Der Erschienene zu 1.) kann jedes zweite Wochenende in der Zeit vom Freitag 18:00 Uhr bis Sonntag 18:00 Uhr seinen Sohn Wilfried zu sich nehmen. Weitergehende Umgangskontakte insbesondere in den Ferien und an den Feiertagen werden die Erschienenen absprechen.

§ 7 Hausrat

Die Erschienenen zu 1.) und 2.) sind sich darüber einig, dass die Wohnungseinrichtung und der Hausrat aufgeteilt sind. Weitergehende Ansprüche bestehen insoweit nicht.

§ 8 Zugewinn

Der Erschienene zu 1.) verpflichtet sich an die Erschienene zu 2.) innerhalb von drei Wochen, vom Zeitpunkt der Rechtskraft der Scheidung an, zum Ausgleich des Zugewinns einen einmaligen Betrag in Höhe von 100 000,00 € zu zahlen.

§ 9 Vollstreckungsklausel

Wegen der in diesem Vertrag genannten Zahlungsverpflichtungen von monatlich 582,00 €, 1000,00 €, 800,00 € sowie einmalig 100 000,00 € unterwirft sich der Erschienene zu 1.) hiermit der sofortigen Zwangsvollstreckung in sein gesamtes Vermögen.
Der Notar wird ermächtigt, der Erschienenen zu 2.) eine vollstreckbare Ausfertigung dieser Urkunde zu erteilen ohne dass es des Nachweises der die Fälligkeit begründenden Tatsachen bedarf.

§ 10 Kosten
Die Kosten dieser Verhandlung und ihres Vollzuges tragen die Erschienenen zu 1.) und 2.) jeweils zur Hälfte.
Vorstehende Verhandlung wurde den Erschienenen von dem Notar vorgelesen, von ihnen genehmigt und dann von ihnen und dem Notar eigenhändig- wie folgt – unterschrieben.

Für Vereinbarungen unter Ehegatten über die Ausgestaltungsmöglichkeiten der Ehe gilt der Grundsatz der **Privatautonomie.** Der BGH hat allerdings auch schon nach altem Recht bei einem Unterhaltsverzicht bei der Scheidung eine **Sittenwidrigkeit** nach § 138 Abs. 1 BGB angenommen, wenn nach der Rechtslage ein Unterhaltsanspruch bestand und der Bedürftige durch den bei oder nach der Scheidung vereinbarten Verzicht Sozialhilfe beziehen musste. Dabei handelte es sich um einen so genannten Vertrag zu Lasten Dritter. Nur wenn vor Eheschließung oder während der Ehe ein Unterhaltsverzicht vereinbart wurde, wurde früher hingegen keine Sittenwidrigkeit angenommen, weil der Bedürftige durch die Eheschließung einen Anspruch auf Familienunterhalt erwarb. Es galt jedoch gem. § 242 BGB als rechtsmissbräuchlich, sich bei der Scheidung auf den Unterhaltsverzicht zu berufen, so lange die Frau das Kind zu betreuen hatte. Die Grundsatzentscheidung des Bundesverfassungsgerichtes im Jahre 2001 korrigierte die bis dahin geltende Rechtsprechung des BGH. Danach ist jetzt auch bei privaten Vereinbarungen und notariellen Eheverträgen eine **Inhaltskontrolle** gem. Artikel 2, 6 GG (Grundgesetz) durchzuführen, wenn der Ehevertrag nicht das Ergebnis einer gleichberechtigten Partnerschaft darstellt, sondern vielmehr eine auf ungleichen Verhandlungspositionen basierende einseitige Dominanz eines Ehepartners widerspiegelt. Je mehr Rechte in einem Ehevertrag ausgeschlossen sind, desto mehr kann eine einseitige Benachteiligung vorliegen.

Mit Urteil vom 11. 2. 2004 hat der BGH die **Kriterien** für eine **Inhaltskontrolle** von **Eheverträgen** festgelegt. Grundsätzlich können die Eheleute Regelungen über den nachehelichen Unterhalt, den Zugewinn und den Versorgungsausgleich weiterhin vertraglich regeln. Der **Schutzzweck** der **gesetzlichen Regelung** darf aber durch vertragliche Vereinbarungen nicht unterlaufen werden. Insbesondere darf keine evident einseitige nicht gerechtfertigte **Lastenvertei-**

lung entstehen, die für den Benachteiligten unzumutbar ist. Es ist immer eine Einzelfallprüfung vorzunehmen. Es müssen immer die Gründe und Umstände des Zustandekommens des Vertrages sowie der beabsichtigten verwirklichten **Gestaltung** des **ehelichen Lebens** berücksichtigt werden. Die Überprüfungskriterien gelten auch für geschlossene Verträge, in der Ehe bzw. für den Fall der Trennung oder Scheidung oder auch nach Scheidung.

Zunächst ist eine **Wirksamkeitskontrolle** nach § 138 BGB vorzunehmen, wobei auf den Zeitpunkt des Vertragsschlusses abzustellen ist. Sämtliche individuellen Verhältnisse der Eheleute müssen überprüft werden, insbesondere die Einkommens- und Vermögensverhältnisse, sowie der geplante oder schon verwirklichte Verlauf der Ehe und die von den Eheleuten mit der Vereinbarung verfolgten Zweck zum Vertragsabschluss. Eine Unwirksamkeit gem. § 138 BGB setzt subjektiv ein Missbrauchsverhalten voraus. Objektiv wird eine Sittenwidrigkeit nur vorliegen, wenn in den Kernbereich des Scheidungsfolgenrechts eingegriffen wird. Zum Kernbereich gehört an erster Stelle der Betreuungsunterhalt (§ 1570 BGB), an zweiter Stelle der Alters- und Krankheitsunterhalt (§§ 1571, 1572 BGB) sowie der Versorgungsausgleich, an dritter Stelle der Erwerbslosenunterhalt (§ 1573 Abs. 1 BGB), an vierter Stelle der Kranken- und Altersvorsorgeunterhalt (§ 1578 Abs. 2, 3 BGB) sowie an fünfter Stelle und beim Unterhalt am ehesten verzichtbar der Aufstockungs- und Ausbildungsunterhalt (§§ 1573 Abs. 2, 1575 BGB). Regelungen über den Zugewinnausgleich stehen an letzter Stelle der Überprüfungsskala. Solche Vereinbarungen fallen regelmäßig nicht in den Kernbereich des Scheidungsfolgenrechts.

Wird eine **Sittenwidrigkeit** im Sinne des § 138 BGB angenommen, wird der gesamte Vertrag unwirksam mit der Folge, dass die gesetzlichen Vorschriften Anwendung finden.

In einem zweiten Schritt ist eine **Ausübungskontrolle** nach § 242 BGB vorzunehmen, wobei der Zeitpunkt des Scheiterns der Ehe maßgeblich ist. Danach ist eine evident einseitige Lastenverteilung sowie ein Missbrauch der im Vertrag eingeräumten Rechtsmacht maßgebend. Hierbei ist zu überprüfen, ob die tatsächliche Gestaltung der Ehe von der Eheplanung abweicht oder ob der Kernbereich des Scheidungsfolgenrechts zu Lasten der Kinder oder der Allgemeinheit betroffen ist. Die Ausübungskontrolle führt nicht zur Unwirksamkeit der Vereinbarung sondern zu einer Neugestaltung der Vereinbarung durch das Gericht, wobei die Belange beider Eheleute zu berücksichtigen sind. So kann unter Umständen trotz eines Unterhaltsverzichtes bei der Betreuung von Kindern nicht nur während der Betreuungszeit der volle Unterhalt nach den ehelichen Verhältnissen zu leisten sein, sondern wegen beruflicher Nachteile durch die Eheschließung auch ein Aufstockungsunterhalt in Höhe des angemessenen Bedarfs gegeben sein.

D. Das Scheidungsverfahren

Der Scheidungsantrag ist nur durch einen **Rechtsanwalt** bei dem zuständigen Familiengericht einzureichen, mit anderen Worten: bei Scheidungen besteht „Anwaltszwang". Je nach dem, ob sich die Eheleute über die Scheidung und deren Folgesachen einig sind, kann der zweite Ehegatte auf einen Anwalt verzichten. Zum ersten Gespräch mit dem Anwalt sollte die zur Scheidung entschlossene Ehefrau die Heiratsurkunde bzw. das Stammbuch und ihren Personalausweis mitbringen. Nachdem die Fragen zum Scheidungsbegehren geklärt und der Anwalt eine Vollmacht erhalten hat, kann der Scheidungsantrag gefertigt und beim zuständigen Gericht eingereicht werden, sofern das Trennungsjahr abgelaufen ist oder die Voraussetzungen einer Härtescheidung vorliegen.

I. Zuständigkeit des Gerichts

Die Zuständigkeit des Gerichts ergibt sich aus §606 ZPO. Grundsätzlich ist das Gericht zuständig, in dessen Gerichtsbezirk beide **Eheleute wohnen.** Leben sie in unterschiedlichen Gerichtsbezirken, ist das Gericht zuständig, in dessen Bezirk einer von ihnen mit den gemeinsamen minderjährigen Kindern lebt. Liegt auch diese Voraussetzung nicht vor, ist das Gericht anzurufen, in dessen Bezirk sich der letzte gemeinsame Wohnsitz befindet, soweit einer der Ehepartner dort wohnt. Sind beide Eheleute in einen anderen Gerichtsbezirk verzogen, so ist das Familiengericht zuständig, bei dem der Gegner des Scheidungsantrages lebt. Sollte dieser im Ausland leben ist das Gericht zuständig, in dessen Bezirk die Antragstellerin wohnt. Greift keiner dieser Gerichtsstände ein, so ist das Amtsgericht Schöneberg in Berlin zuständig. In den fünf neuen Bundesländern ist die Organisation der Gerichte inzwischen derjenigen zu den alten Bundesländern angeglichen worden, so dass das vorstehend Gesagte auch dort Geltung hat.

II. Zustellung des Scheidungsantrages

Für das Tätigwerden des Gerichts ist es erforderlich, dass derjenige, der den Scheidungsantrag einreicht, die gesetzlich vorgesehenen **Gerichtskosten** einzahlt, oder aber, dass der Scheidungsantrag verbunden wird mit einem Antrag auf Bewilligung von **Prozesskostenhilfe.** Unter welchen Voraussetzungen diese zu bewilligen ist, wird noch im Einzelnen dargelegt. Sind die Gerichtskosten eingezahlt oder ist Prozesskostenhilfe bewilligt worden, wird das Gericht den Scheidungsantrag dem Ehemann zu stellen. Erst jetzt spricht man von Rechtshängigkeit des Scheidungsverfahrens.

Es wird noch einmal daran erinnert, dass jetzt das Gericht beiden Parteien die **Formulare** für den **Versorgungsausgleich** zustellt, die so schnell wie möglich ausgefüllt werden sollten, da sonst das ganze Scheidungsverfahren unnötig verzögert wird.

III. Scheidungstermin

Mit der Zustellung des Scheidungsantrags wird dem Ehemann eine Frist zur Stellungnahme gesetzt. Für das weitere Verfahren sieht das Gesetz unterschiedliche Möglichkeiten vor. Teilweise beraumt das Gericht einen so genannten frühen ersten Termin zur **mündlichen Verhandlung** an, indem die Parteien zur Person sowie zu den Scheidungsvoraussetzungen insbesondere zum Trennungszeitpunkt und Scheidungswillen befragt werden. Liegen die Auskünfte der Rentenversicherungsträger vor, was in der Regel erst nach einigen Monaten der Fall ist, beraumt das Gericht einen so genannten **Abschlusstermin** an, zudem die Parteien häufig nicht mehr zu erscheinen brauchen. Entweder wird die Ehe an diesem Tag geschieden, oder es wird ein Verkündungstermin angesetzt, zudem üblicherweise weder Anwälte noch Parteien erscheinen.

Vielfach beraumen die Gericht erst einen Haupttermin zur mündlichen Verhandlung an, wenn alle Voraussetzungen für eine Scheidung – einschließlich der Auskunft der Rentenversicherungsträger – vorliegen.

Auch in diesem Termin kann die Ehe entweder geschieden werden oder es wird ein **Verkündungstermin** anberaumt. Sind sich die Parteien hinsichtlich der Scheidung und ihrer **Folgesachen** einig, dauert die mündliche Verhandlung oft nur eine viertel bis eine halbe Stunde. Meist wird über den Scheidungsantrag und die Scheidungsfolgesachen in einem Termin entschieden. In Ausnahmefällen können Folgesachen wie z. B. der Versorgungsausgleich abgetrennt und später entschieden werden.

IV. Zustellung der Scheidungsurteils

In der Regel werden die Scheidungsurteile ca. zwei Wochen nach der Verkündung zugestellt. Nach Ablauf eines Monats seit Zustellung wird das Urteil **rechtskräftig,** wenn keine der Parteien Berufung vor dem zuständigen Oberlandesgericht eingelegt hat. In diesem Fall bescheinigt das Familiengericht auf der Ausfertigung des Urteils die Rechtskraft. Das Scheidungsurteil kann auch sofort rechtskräftig werden, wenn beide Parteien anwaltlich vertreten sind und erklären, dass die Rechtskraft des Urteils sofort eintreten soll und sie auf Berufung verzichten. Diese Rechtskraft umfasst allerdings nicht die Entscheidung zum Versorgungsausgleich, da die Rentenversicherungsträger selbst Rechtsmittel (Berufung) einlegen können.

V. Kosten das Scheidungsverfahrens

1. Scheidung auf eigene Rechnung

Im Urteil entscheidet das Gericht auch über die Kosten des Verfahrens. Grundsätzlich werden die Gerichtskosten geteilt, während jeder Ehepartner seine **Anwaltskosten** alleine zu tragen hat. Um Kosten zu sparen, machen die Parteien von Ehescheidungsverfahren häufig von der Möglichkeit Gebrauch, dass nur ein Ehepartner sich anwaltlich vertreten lässt, so dass die Rechtsanwaltsgebühren auch nur einmal anfallen. Zwar ist es kostengünstiger, nur einen Anwalt in Anspruch zu nehmen, nicht aber in jedem Falle ratsam, vor allem, wenn es voraussichtlich Auseinandersetzungen zum Beispiel um den Unterhalt geben wird. Nur wenn die Scheidung und sämtliche Folgesachen zwischen den Parteien unstreitig sind, sollten sich die Parteien darauf verständigen, dass nur einer von ihnen anwaltlich vertreten ist. Dies muss derjenige sein, der die Scheidung einreichen möchte.

An dieser Stelle sei ausdrücklich darauf hingewiesen, dass keine Möglichkeit besteht, einen gemeinsamen Anwalt zu wählen, da der Anwalt aufgrund gesetzlicher Vorschriften nicht beide Ehepartner vertreten darf. Abgesehen davon ist er dazu auch gar nicht in der Lage, wenn beide Parteien unterschiedliche Interessen verfolgen. Beantragt zum Beispiel die Ehefrau das Sorgerecht für die gemeinsamen Kinder für sich allein, kann nicht derselbe Anwalt den gegenteiligen Anspruch für den Ehemann stellen. Einigen sich die Eheleute auf einen Anwalt, und sagt der nicht anwaltlich vertretene Ehepartner dem anderen eine Beteiligung an dessen Anwaltskosten zu, so empfiehlt sich eine vorherige schriftliche Vereinbarung, da die Erfahrung in der Praxis gezeigt hat, dass mit Abschluss des Scheidungsverfahrens derartige Zusagen oft nicht eingehalten werden.

Die Höhe der Kosten berechnen sich nach dem so genannten **Streitwert.** Dieser errechnet sich für das Ehescheidungsverfahren nach dem dreifachen Nettoeinkommen beider Eheleute. Der Streitwert für das Sorgerecht ist ein Regelstreitwert und beträgt 900,00 €. Der Streitwert für den Versorgungsausgleich beträgt, wenn ausschließlich Anrechte

- aus einem öffentlich-rechtlichen Dienstverhältnis oder aus einem Arbeitsverhältnis mit Anspruch auf Versorgung nach beamtenrechtlichen Grundsätzen,
- der gesetzlichen Rentenversicherung und
- der Alterssicherung der Landwirte

unterliegen oder ausschließlich sonstiger Anrechte, 1000,00 €.

Wenn Anrechte aus sonstigen und den vorgenannten Vorliegen, beträgt der Streitwert 2000,00 €.

Anhand des dann feststehenden Gesamtstreitwertes werden die **Gerichts-** und **Anwaltsgebühren** entsprechend den gesetzlichen Bestimmungen berechnet. Sollten im Scheidungsverfahren weitere Folgesachen gerichtlich geklärt werden, wie zum Beispiel nachehelicher Unterhalt, Zugewinn und Hausrat, so erhöht sich der Streitwert um die Werte der zu regelnden Positionen, mit der Folge, dass sich die Gebühren erhöhen.

Beispiel: Die Eheleute Michaela und Heribert Z. aus Köln haben ein monatliches Nettoeinkommen in Höhe von 1500,00 € bzw. 4000,00 €. Bei der Ehescheidung soll über das Sorgerecht für zwei minderjährige Kinder entschieden werden. Der Ehemann hat Rentenanwartschaften in Höhe von monatlich 350,00 € auf das Rentenkonto seiner Ehefrau zu übertragen.

Es ergeben sich folgende Streitwerte:

Ehescheidung	
(1500,00 + 4000,00 €) 5500,00 € x 3 =	16500,00 €
Sorgerecht	900,00 €
Versorgungsausgleich	1000,00 €
Streitwert	18400,00 €

Hat man auf diese Weise den Streitwert ermittelt, kann man anhand von Tabellen die anfallenden **Gebühren** und **Kosten** ermitteln. Die Gerichtskosten entnimmt man der Gerichtskostentabelle und die Rechtsanwaltsgebühren dem Rechtsanwaltsvergütungsgesetz (RVG).

Die Gerichtskosten für ein Scheidungsverfahren richten sich für die erste Instanz nach dem Kostenverzeichnis des Gerichtskostengesetzes (GKG) Nr. 1310–1311. Die Höhe der jeweils zu entrichtenden Gebühr ergibt sich aus der Anlage 2 zu § 34 Abs. 2 GKG.

Im vorstehenden Beispiel betragen die Gerichtskosten zweimal 265,00 €.

1. Gerichtskosten und Anwaltskosten

Nach § 31 Abs. 1 GKG haften die **Eheleute** als **Gesamtschuldner.** Das bedeutet, dass jeder der Ehepartner nur die Hälfte der Gerichtskosten zu tragen hat. Nach außen jedoch haftet jeder Ehepartner für die volle Summe, die allerdings nur einmal zu zahlen ist. Wenn also ein Ehegatte aufgrund seiner finanziellen Verhältnisse nicht in der Lage ist, die Hälfte der **Gerichtskosten** zu übernehmen, muss der andere Ehegatte die volle Summe tragen (vgl. § 31 Abs. 2 GKG).

Zusätzlich entstehen folgende **Anwaltskosten:**

1. Verfahrensgebühr gem. § 13, Nr. 3100 VV RVG (1,3) nach einem Streitwert von 18 400,00 €.	787,80 €
2. Terminsgebühr gem. § 13, Nr. 3104 VV RVG (1,2)	727,20 €
3. Auslagenpauschale gem. Nr. 7002 VV RVG	20,00 €
4. 16 % Umsatzsteuer gem. Nr. 7008 VV RVG	245,60 €
Gesamt:	1780,60 €

Neben den Gerichtskosten hat jeder Ehepartner die Anwaltskosten in vorstehender Höhe zu tragen, es sei denn, nur eine der Parteien ist anwaltlich vertreten: Dann fallen die Anwaltsgebühren nur beim Antragsteller an. Auf die Möglichkeit der **Kostenteilung** bei den Anwaltskosten wurde bereits oben hingewiesen.

2. Prozesskostenhilfe

Unter bestimmten Voraussetzungen gewährt der Staat auch im Ehescheidungsverfahren eine finanzielle Unterstützung. Das frühere Armenrecht ist durch die Einführung der Prozesskostenhilfe abgelöst worden. Voraussetzung für die Bewilligung einer solchen Unterstützung ist die **Bedürftigkeit** der jeweiligen Partei.

Wer ein sehr geringes Einkommen hat, kann diese Möglichkeit für das gerichtliche Verfahren in Anspruch nehmen. Um dem Gericht eine Prüfung der Bedürftigkeit zu ermöglichen, muss auf einem speziellen **Vordruck** eine Erklärung über die **persönlichen** und **wirtschaftlichen Verhältnisse** abgegeben werden. Zum Nachweis sind entsprechende **Belege** beizufügen. Sind die Eheleute beispielsweise Sozialhilfeempfänger oder beziehen Arbeitslosengeld in geringer Höhe, reicht es, wenn zusammen mit der Erklärung über die persönlichen und wirtschaftlichen Verhältnisse die jeweiligen Bewilligungsbescheide bei Gericht eingereicht werden.

Liegen die Voraussetzungen vor und besteht insbesondere hinsichtlich des Verfahrens Aussicht auf Erfolg, wird das Gericht in einem Beschluss Prozesskostenhilfe **ohne Ratenzahlung** bewilligen, was bedeutet, dass der Antragsteller weder Gerichts- noch Anwaltskosten zu zahlen hat. Der Anwalt rechnet mit der Staatskasse ab.

Hierbei ist besonders darauf zu achten, dass diese Regelung nur für die eigenen Anwaltskosten gilt. Sollte der Antragsteller in dem Rechtstreit unterliegen, hat er die Kosten des gegnerischen Rechtsanwaltes selbst zu tragen. Das hat seinen Grund darin, dass seine Bedürftigkeit nicht dazu führen darf, dass er anders als jeder Rechtsuchende keinerlei Prozessrisiko trägt. Sollte sich die wirtschaftliche Situation des Antragstellers in der Folgezeit so verbessern, dass die Voraussetzung für die Bewilligung von Prozesskostenhilfe nicht mehr vorliegen, wird das Gericht die Partei auffordern, die verauslagten Gerichts- und Anwaltskosten zu erstatten. Dabei sind monatliche Rückzahlungsraten möglich.

Bei wirtschaftlich besser gestellten Parteien kann unter Umständen Prozesskostenhilfe in Form von **Ratenzahlungen** angeordnet werden. Im Fall der Bewilligung von Prozesskostenhilfe mit Ratenzahlung hat die Partei zwar sämtliche Anwalts- und Gerichtskosten zu übernehmen, doch diese werden nicht sofort fällig, sondern können vielmehr in Ratenzahlungen gegenüber dem Gericht erbracht werden. Der Anwalt rechnet mit der Staatskasse ab. Anders als in Fällen der Prozesskostenhilfe ohne Ratenzahlung, in denen der Rechtsanwalt nur die reduzierten Gebühren erhält (vgl. § 49 RVG), fallen hier die vollen Gebühren an (§ 50 RVG).

Eine weitere staatliche Unterstützung stellt die **Beratungshilfe** dar. Der Rechtsanwalt kann die außergerichtliche Tätigkeit mit der Staatskasse abrechnen. Dazu ist es erforderlich, dass der Rechtssuchende bei dem für ihn zuständigen Amtsgericht einen Beratungshilfeschein beantragt. Das Gericht überprüft auch im Falle der außergerichtlichen Tätigkeit die persönlichen und wirtschaftlichen Verhältnisse des Rechtssuchenden. Wenn er bedürftig ist, wird der Beratungshilfeschein erteilt, so dass der Rechtsanwalt mit der Staatskasse abrechnen kann. Darüber hinaus kann der Rechtsanwalt direkt von seinem Mandanten einen Betrag in Höhe 10,00 € für die außergerichtliche Tätigkeit beanspruchen.

3. Prozesskostenvorschuss

Häufig wird der Antrag der Ehefrau auf Bewilligung von Prozesskostenhilfe für das Scheidungsverfahren und/oder seine Folgesachen mit der Begründung zurückgewiesen, der Ehemann verfüge über ein zu hohes Einkommen. Zu diesem Ergebnis kommt man selbst dann, wenn die Ehefrau kein eigenes Einkommen hat, da stets die wirtschaftlichen Verhältnisse beider Eheleute berücksichtigt werden. Dies führt jedoch nicht etwa dazu, dass die Ehefrau ihr Vorhaben, sich scheiden zu lassen oder Unterhaltsansprüche geltend zu machen, aufgeben müsste. Das Gesetz sieht vielmehr für Eheleute, die in ehelicher Gemeinschaft leben (vgl. § 1316a Abs. 4 BGB) und für getrennt lebende Eheleute (vgl. § 1360 Abs. 4 Satz 4 BGB) ausdrücklich vor, dass der Ehemann prozesskostenvorschusspflichtig ist. Das bedeutet, dass die Ehefrau notfalls auch mittels gerichtlicher Hilfe ihre Gerichts- und Anwaltskosten, die sie für die Durchführung des Verfahrens benötigt, bei ihrem Ehemann geltend machen kann. Nach Abschluss des jeweiligen Verfahrens kommt unter gewissen Umständen, insbesondere, wenn die finanziellen Möglichkeiten der Ehefrau es inzwischen erlauben, ein Rückforderungsanspruch des Ehemannes in Betracht.

Nachbemerkung

Ich wünsche mir, dass mein Buch alle betroffenen Leserinnen – in der schwierigen Lebenssituation zwischen Trennung und Scheidung – hilfreich unterstützt, Denkanstöße gibt, das Problembewusstsein schärft und hilft, Lösungswege zu finden. Das Buch ist jedoch kein Ersatz für eine individuelle juristische Beratung.

Anhang

I. Checklisten

1. Was muss ich bei Trennung und Scheidung berücksichtigen?

(1) Mitnahme der persönlichen Unterlagen wie Zeugnisse, Rentenunterlagen, Kontoauszüge, Sparbücher, Stammbuch, Geburtsurkunde, Heiratsurkunde eventuell Krankenscheine und persönliche Unterlagen der Kinder, z. B. Geburtsurkunden, Zeugnisse, Impfpässe etc.

(2) Mitnahme der Fotokopien der Gehaltsbescheinigungen der letzten 12 Monate meines Ehemannes, bzw. Bilanzen oder Einnahmenüberschussrechnungen für die letzten drei Jahre sowie der Steuerbescheide. Mitnahme der Fotokopien aller Urkunden und Kontoauszüge meines Ehemannes, was seine Vermögenspositionen wie z. B. Lebensversicherungen, Aktien, Bausparverträge, Fondsbeteiligungen etc. anbelangt.

(3) Informationen und Nachweise über bestehende gemeinsame Schulden, sowie laufende Kosten wie Miete, Nebenkosten, Versicherungsbeiträge etc. beschaffen.

(4) Information über das gemeinsame Grundeigentum beschaffen bzw. die erforderlichen Belege wie Grundbuchauszug, Grundbuchsteuerbescheid etc. kopieren.

(5) Mitnahme der im persönlichen Eigentum stehenden Gegenstände sowie Geschenke, Kleidung etc.

(6) Einigung mit meinem Ehemann über den Hausrat, wenn dies nicht möglich ist, Mitnahme der notwendigen Gegenstände, die ich in etwa auch bei einer Gerichtsentscheidung erhalten würde.

(7) Klärung des Mietverhältnisses

(8) Klärung der Haftung für gemeinsame Schulden

(9) Klärung des Krankenversicherungsschutzes

(10) Wenn erforderlich, Auskunftssperre beim Einwohnermeldeamt und bei allen zuständigen Ämtern veranlassen

(11) Wenn erforderlich, Frauenverbände um Hilfe bitten und Rechtsanwältin einschalten.

2. Ermittlung des Einkommens meines Ehemannes

(1) Einkünfte aus nichtselbständiger Arbeit, durchschnittliches monatliches Nettoeinkommen ermittelt aus den letzten 12 Gehaltsabrechnungen .... €
Zzgl. Arbeitgeberanteile aus vermögenswirksamen Leistungen .... €
Abzgl Beiträge für Krankenversicherung bei freiwillig Versicherten .... €
abzüglich Kosten für berufsbedingte Aufwendungen (pauschal 5 % mindestens 50,00 €, höchstens 150,00 € oder konkrete Kosten) .... €

(2) Einkünfte aus selbständiger Tätigkeit
Monatlicher Gewinn aus den letzten drei Jahren .... €
Zzgl. eventueller Abschreibungen für Anlagegüter (Afa) .... €
abzüglich eventueller Rückstellungen (z. B. für Renovierung) .... €
Abzüglich Kosten für Krankenversicherung .... €
Abzüglich Kosten für Altersvorsorge .... €

(3) Einkünfte aus Vermietung oder Verpachtung laut Einkommensteuererklärung, umgerechnet auf einen Monat .... €

(4) Einkünfte aus Kapitalvermögen laut Einkommensteuererklärung umgerechnet auf einen Monat .... €

(5) Einkünfte aus Rentenanwartschaften laut Rentenbescheid .... €

(6) Sonstige Einkünfte (Arbeitslosengeld) .... €

(7) Gesamteinkommen .... €
Abzüglich Einkommensteuer soweit vorstehend noch nicht berücksichtigt .... €
Abzüglich monatliche Schuldenrate für gemeinsame Schulden .... €
Abzüglich andere eventuell zu berücksichtigender Kosten .... €
Anrechenbares Einkommen .... €

Tipp: Eventuellen Wohnwertvorteil beachten!

3. Ermittlung des Kindesunterhaltes

Kindesunterhalt für das erste Kind laut entsprechender Tabelle:

Anrechenbares Nettoeinkommen meines Ehemannes
laut Liste 2 .... €

Anhand dieses Betrages in der entsprechenden
Unterhaltstabelle (z. B. Düsseldorfer Tabelle)
den Kindesunterhalt ermitteln .... €

Wenn ich das Kindergeld bekomme:
abzgl. anteiliges Kindergeld .... €

Wenn mein Mann das Kindergeld erhält:
zzgl. anteiliges Kindergeld .... €

Kindesunterhalt
Der Kindesunterhalt für weitere Kinder wird wie oben berechnet.

> **Tipp:** Selbstbehalt und Bedarfskontrollbetrag beachten!

4. Berechnung des Getrenntleben-Unterhalts, wenn keine eigenen Einkünfte vorliegen

Ich habe während der Ehezeit nicht gearbeitet und auch nach der Trennung ist mir wegen der Kinderbetreuung eine berufliche Tätigkeit nicht zuzumuten.

1. Anrechenbares Nettoeinkommen meines Ehemannes laut Liste 2 .... €
2. Abzüglich Kindesunterhalt laut Liste 3 .... €
3. Bereinigtes Nettoeinkommen .... €
4. Davon 3/7 = Unterhaltsanspruch .... €

> **Tipp:** Selbstbehalt und Bedarfskontrollbetrag beachten! Bei allen anderen Einkommensarten laut Liste 2, außer Ziffer 1 und 2, werden nicht $^3/_7$, sondern 50 % Unterhalt geschuldet.

5. Berechnung des Getrenntlebensunterhalts wenn eigene Einkünfte vorliegen (Differenzmethode)

Anberechnbares Nettoeinkommen meines Ehemannes laut Liste 2 .... €

Abzgl. Kindesunterhalt laut Liste 3 .... €

Bereinigtes Nettoeinkommen .... €

Abzüglich eigenes anrechenbares Einkommen .... €

Differenz .... €

Davon 3/7 = Unterhaltsanspruch .... €

> **Tipp:** Selbstbehalt und Bedarfskontrollbetrag beachten!

6. Berechnung des Getrenntlebensunterhalts bei Kinderbetreuung

Anrechenbares Nettoeinkommen des Ehemannes laut Liste 2 .... €

Abzüglich Kindesunterhalt laut Liste 3 .... €

Bereinigtes Nettoeinkommen des Ehemannes .... €

Abzüglich eigenes anrechenbares Nettoeinkommen Ehefrau vermindert um den Betreuungsbonus (ca. 200,00 € – 300,00 €) .... €

verbleiben .... €

davon 3/7 .... €

7. Berechnung des nachehelichen Unterhalts inklusive Altersvorsorgeunterhalt (siehe Beispiel Seite 73 ff.)

Ich erziele keine eigenen Einkünfte

Anrechenbaren Nettoeinkommen des Ehemannes lt. Liste 2 .... €

Abzüglich Kindesunterhalt lt. Liste 3 .... €

Bereinigtes Nettoeinkommen .... €

Davon 3/7 (= Elementarunterhalt gleichzeitig Nettobemessungsgrundlage im Sinne der Bremer Tabelle)	.... €
Zuzüglich Steuer- und Sozialabgaben (Hochrechnung nach BT)	.... €
Brutto-Betrag	.... €
Davon 19,5 % (Regelbeitragssatz für die gesetzliche Rentenversicherung Stand 2006) = Vorsorgeunterhalt	.... €
Bereinigtes Nettoeinkommen des Ehemannes (s. o.)	.... €
Abzüglich Vorsorgeunterhalt	.... €
Verbleiben	.... €
Davon 3/7 = Elementarunterhalt	.... €
Zuzüglich Vorsorgeunterhalt	.... €
Unterhalt inkl. Altersvorsorgeunterhalt	.... €

Tipp: Selbstbehalt und Bedarfskontrollbetrag beachten!

8. Berechnung des Zugewinnausgleichs

Anfangsdatum:	....
Enddatum:	....

Zugewinn des Mannes

Endvermögen

Vermögenswerte:

(1)	.... €
(2)	.... €
(3)	.... €
(4)	.... €
(5)	.... €

abzgl. Schulden:

(1)	.... €
(2)	.... €

§ 1375 Abs. 1 BGB Endvermögen	.... €
Anfangsvermögen	
Vermögenswerte:	
(1)	.... €
(2)	.... €
abzgl. Schulden	.... €
§ 1374 Abs. 1 BGB	.... €
Indexierung Siehe Seite 94	.... €
Zurechnungen nach § 1374 Abs. 2 BGB:	
(1) Erbschaft	.... €
Zeitpunkt:	....
Indexierung beachten	....
(2) Schenkung	.... €
Zeitpunkt:	....
Indexierung berücksichtigen	.... €
Zugewinn	.... €

Zugewinn der Frau:

Endvermögen	
Vermögenswerte:	
(1)	.... €
(2)	.... €
(3)	.... €
(4)	.... €
(5)	.... €
Abzgl. Schulden	
(1)	.... €
(2)	.... €

§ 1375 Abs. 1 BGB

Anfangsvermögen

Vermögenswerte:

(1) .... €

(2) .... €

abzgl. Schulden .... €

§ 1374 Abs. 1 BGB .... €

Indexierung Siehe Seite 94 .... €

Zurechnungen nach § 1374 Abs. 2 BGB:

1. Erbschaft .... €

Zeitpunkt: ....

Indexierung beachten ....

2. Schenkung .... €

Zeitpunkt: ....

Indexierung berücksichtigen
Zugewinn ....

Ausgleichsanspruch:

Zugewinn des Mannes .... €

abzgl. Zugewinn der Frau .... €

Differenz .... €

davon 1/2 = Zugewinnausgleich .... €

9. Hausratsteilung

(A) Welche Gegenstände besass ich bereits vor der Eheschließung? (z. B. Aussteuer, Schmuck, Möbel, Erbstücke)?

(1) ....

(2) ....

(3) ....

(4) ....

(B) Welche persönlichen Gegenstände habe ich während der Ehe erhalten (z. B. zu Geburtstagen, zu Weihnachten, zum Muttertag)?

(1) ....

(2) ....

(3) ....

(4) ....

(C) Welcher gemeinsamer Hausrat befindet sich in der Ehewohnung? Bei der Auflistung des Hausrates muss ich an folgende Räume denken, die ich jeweils auf gesonderten Listen eintrage:

- Diele
- Küche
- Bad/Toilette
- Wohn- 7 Esszimmer
- Schlafzimmer
- Kinderzimmer
- eventuell Gästezimmer
- Keller
- Garten/Terrasse/Balkon
- Garage

Die Gegenstände sind so genau wie möglich zu bezeichnen, möglichst mit Angabe des Herstellers, der Typenbezeichnung oder der Artikelnummer.

Die folgende Liste ist als Kopiervorlage gedacht, auf der links oben der jeweilige Raum eingetragen werden kann, um anschließend die einzelnen Hausratsgegenstände aufzuführen.

Rechts außen kann ich markieren, welche Gegenstände ich mitnehmen möchte.

Raum: ....

Gegenstand	Anschaffungstag	Anschaffungspreis	Zeitwert	x
(1)				
(2)				
(3)				
(4)				

II. Tabellen

1. Düsseldorfer Tabelle (Stand: 1.7.2005)[1)]

A. Kindesunterhalt

	Netto-einkommen des Barunterhalts-pflichtigen (Anm. 3, 4)	Altersstufen in Jahren (§ 1612a Abs. 3 BGB) 0–5	6–11	12–17	ab 18	Vom hundert-satz	Bedarfs-kontroll-betrag (Anm. 6)
		Alle Beträge in Euro					
1.	bis 1300	204	247	291	335	100	770/890
2.	1300–1500	219	265	312	359	107	950
3.	1500–1700	233	282	332	382	114	1000
4.	1700–1900	247	299	353	406	121	1050
5.	1900–2100	262	317	373	429	128	1100
6.	2100–2300	276	334	393	453	135	1150
7.	2300–2500	290	351	414	476	142	1200
8.	2500–2800	306	371	437	503	150	1250
9.	2800–3200	327	396	466	536	160	1350
10.	3200–3600	347	420	495	570	170	1450
11.	3600–4000	368	445	524	603	180	1550
12.	4000–4400	388	470	553	637	190	1650
13.	4400–4800	408	494	582	670	200	1750
	über 4800	nach den Umständen des Falles					

Anmerkungen:

1. Die Tabelle hat keine Gesetzeskraft, sondern stellt eine Richtlinie dar. Sie weist monatliche Unterhaltsrichtsätze aus, bezogen auf einen gegenüber einem Ehegatten und zwei Kindern Unterhaltspflichtigen.

Bei einer größeren/geringeren Anzahl Unterhaltsberechtigter sind Ab- oder *Zuschläge* durch Einstufung in niedrige/höhere Gruppen angemessen. Anmerkung 6 ist zu beachten. Zur Deckung des notwendigen Min-

[*)] Die neue Tabelle nebst Anmerkungen beruht auf Koordinierungsgesprächen, die zwischen Richtern der Familiensenate der Oberlandesgerichte Düsseldorf, Köln und Hamm sowie der Unterhaltskommission des Deutschen Familiengerichtstages e. V. unter Berücksichtigung des Ergebnisses einer Umfrage bei allen Oberlandesgerichten stattgefunden haben.

destbedarfs aller Beteiligten – einschließlich des Ehegatten – ist gegebenenfalls eine Herabstufung bis in die unterste Tabellengruppe vorzunehmen. Reicht das verfügbare Einkommen auch dann nicht aus, erfolgt eine Mangelberechnung nach Abschnitt C.

2. Die Richtsätze der 1. Einkommensgruppe entsprechen dem *Regelbetrag in Euro* nach der Regelbetrag-VO West in der ab 1. 7. 2005 geltenden Fassung. Der Vomhundertsatz drückt die Steigerung des Richtsatzes der jeweiligen Einkommensgruppe gegenüber dem Regelbetrag (= 1. Einkommensgruppe) aus. Die durch Multiplikation des Regelbetrages mit dem Vomhundertsatz errechneten Richtsätze sind entsprechend § 1612 a II BGB aufgerundet.

3. *Berufsbedingte Aufwendungen,* die sich von den privaten Lebenshaltungskosten nach objektiven Merkmalen eindeutig abgrenzen lassen, sind vom Einkommen abzuziehen, wobei bei entsprechenden Anhaltspunkten eine Pauschale von 5 % des Nettoeinkommens – mindestens 50 EUR, bei geringfügiger Teilzeitarbeit auch weniger, und höchstens 150 EUR monatlich – geschätzt werden kann. Übersteigen die berufsbedingten Aufwendungen die Pauschale, sind sie insgesamt nachzuweisen.

4. Berücksichtigungsfähige *Schulden* sind in der Regel vom Einkommen abzuziehen.

5. Der *notwendige Eigenbedarf (Selbstbehalt)*
- gegenüber minderjährigen unverheirateten Kindern,
- gegenüber volljährigen unverheirateten Kindern bis zur Vollendung des 21. Lebensjahres, die im Haushalt der Eltern oder eines Elternteils leben und sich in der allgemeinen Schulausbildung befinden,

beträgt beim nicht erwerbstätigen Unterhaltspflichtigen monatlich 770 EUR, beim erwerbstätigen Unterhaltspflichtigen monatlich 890 EUR. Hierin sind bis 360 EUR für Unterkunft einschließlich umlagefähiger Nebenkosten und Heizung (Warmmiete) enthalten. Der Selbstbehalt kann angemessen erhöht werden, wenn dieser Betrag im Einzelfall erheblich überschritten wird und dies nicht vermeidbar ist.

Der *angemessene Eigenbedarf,* insbesondere gegenüber anderen volljährigen Kindern, beträgt in der Regel mindestens monatlich 1100 EUR. Darin ist eine Warmmiete bis 450 EUR enthalten.

6. Der *Bedarfskontrollbetrag* des Unterhaltspflichtigen ab Gruppe 2 ist nicht identisch mit dem Eigenbedarf. Er soll eine ausgewogene Verteilung des Einkommens zwischen dem Unterhaltspflichtigen und den unterhaltsberechtigten Kindern gewährleisten. Wird er unter Berücksichtigung auch des Ehegattenunterhalts (vgl. auch B V und VI) unterschritten, ist der Tabellenbetrag der nächst niedrigeren Gruppe, deren Bedarfskontrollbetrag nicht unterschritten wird, anzusetzen.

7. Bei *volljährigen Kindern,* die noch im Haushalt der Eltern oder eines Elternteils wohnen, bemisst sich der Unterhalt nach der 4. Altersstufe der Tabelle.

Der angemessene Gesamtunterhaltsbedarf eines *Studierenden,* der nicht bei seinen Eltern oder einem Elternteil wohnt, beträgt in der Regel monatlich 640 EUR. Dieser Bedarfssatz kann auch für ein Kind mit eigenem Haushalt angesetzt werden.

8. Die *Ausbildungsvergütung* eines in der Berufsausbildung stehenden Kindes, das im Haushalt der Eltern oder eines Elternteils wohnt, ist vor ihrer Anrechnung in der Regel um einen ausbildungsbedingten Mehrbedarf von monatlich 90 EUR zu kürzen.

9. In den Unterhaltsbeträgen (Anmerkungen 1 und 7) sind *Beiträge zur Kranken- und Pflegeversicherung* nicht enthalten.

10. Das auf das jeweilige Kind entfallende *Kindergeld* ist nach § 1612b I BGB grundsätzlich zur Hälfte auf den Tabellenunterhalt anzurechnen. Die Anrechnung des Kindergeldes unterbleibt, soweit der Unterhaltspflichtige außerstande ist, Unterhalt in Höhe von 135% des Regelbetrages (vgl. Abschnitt A Anm. 2) zu leisten, soweit das Kind also nicht wenigstens den Richtsatz der 6. Einkommensgruppe abzüglich des hälftigen Kindergeldes erhält (§ 1612b V BGB).

Das bis zur Einkommensgruppe 6 anzurechnende Kindergeld kann nach folgender Formel berechnet werden: Anrechnungsbetrag = € des Kindergeldes + Richtsatz der jeweiligen Einkommensgruppe – Richtsatz der 6. Einkommensgruppe (135 % des Regelbetrages). Bei einem Negativsaldo entfällt die Anrechnung. Die Einzelheiten ergeben sich aus der Anlage zu dieser Tabelle.

B. Ehegattenunterhalt

I. *Monatliche Unterhaltsrichtsätze des berechtigten Ehegatten ohne unterhaltsberechtigte Kinder (§§ 1361, 1569, 1578, 1581 BGB)*:

1. gegen einen *erwerbstätigen Unterhaltspflichtigen:*

   a) wenn der Berechtigte kein Einkommen hat:

   $^3/_7$ des anrechenbaren Erwerbseinkommens zuzüglich € der anrechenbaren sonstigen Einkünfte des Pflichtigen, nach oben begrenzt durch den vollen Unterhalt, gemessen an den zu berücksichtigenden ehelichen Verhältnissen;

b) wenn der Berechtigte ebenfalls Einkommen hat:
$^{3}/_{7}$ der Differenz zwischen den anrechenbaren Erwerbseinkommen der Ehegatten, insgesamt begrenzt durch den vollen ehelichen Bedarf; für sonstige anrechenbare Einkünfte gilt der Halbteilungsgrundsatz;
c) wenn der Berechtigte erwerbstätig ist, obwohl ihn keine Erwerbsobliegenheit trifft: gemäß § 1577 II BGB;
2. gegen einen *nicht erwerbstätigen Unterhaltspflichtigen* (z. B. Rentner): wie zu 1 a, b oder c, jedoch 50 %.

II. Fortgeltung früheren Rechts:
1. Monatliche Unterhaltsrichtsätze des nach dem Ehegesetz berechtigten Ehegatten *ohne unterhaltsberechtigte Kinder:*
a) §§ 58, 59 EheG:
in der Regel wie I,
b) § 60 EheG:
in der Regel € des Unterhalts wie zu I,
c) § 61 EheG:
nach Billigkeit bis zu den Sätzen I.
2. Bei Ehegatten, die vor dem 3. 10. 1990 in der früheren DDR geschieden worden sind, ist das DDR-FGB in Verbindung mit dem Einigungsvertrag zu berücksichtigen (Art. 234 § 5 EGBGB).

III. Monatliche Unterhaltsrichtsätze des berechtigten Ehegatten, wenn die ehelichen Lebensverhältnisse durch Unterhaltspflichten gegenüber Kindern geprägt werden:
Wie zu I bzw. II 1, jedoch wird grundsätzlich der Kindesunterhalt (Tabellenbetrag ohne Abzug von Kindergeld) vorab vom Nettoeinkommen abgezogen. Führt dies zu einem Missverhältnis zwischen Kindes- und Ehegattenunterhalt, ist der Ehegattenunterhalt nach den Grundsätzen der Entscheidung des *BGH* v. 22. 1. 2003 (FamRZ 2003, 363 ff.) zu ermitteln.

IV. *Monatlicher notwendiger Eigenbedarf (Selbstbehalt) gegenüber dem getrennt lebenden und dem geschiedenen Berechtigten:*
1. wenn der Unterhaltspflichtige *erwerbstätig* ist: 890 EUR,
2. wenn der Unterhaltspflichtige *nicht erwerbstätig* ist: 770 EUR.
Dem geschiedenen Unterhaltspflichtigen ist nach Maßgabe des § 1581 BGB u. U. ein höherer Betrag zu belassen.

V. *Monatlicher notwendiger Eigenbedarf (Existenzminimum) des unterhaltsberechtigten Ehegatten einschließlich des trennungsbedingten Mehrbedarfs in der Regel:*

1. falls erwerbstätig: 890 EUR,
2. falls nicht erwerbstätig: 770 EUR.

VI. Monatlicher notwendiger Eigenbedarf (Existenzminimum) des Ehegatten, der in einem *gemeinsamen Haushalt mit dem Unterhaltspflichtigen lebt:*
1. falls erwerbstätig: 650 EUR,
2. falls nicht erwerbstätig: 560 EUR.

VII. Monatlicher notwendiger Eigenbedarf (Existenzminimum) des Ehegatten, der in einem *gemeinsamen Haushalt mit dem Unterhaltspflichtigen lebt, gegenüber nicht privilegierten volljährigen Kindern:*
falls erwerbstätig oder nicht erwerbstätig: 800 EUR.

Anmerkung zu I–III: Hinsichtlich *berufsbedingter Aufwendungen* und *berücksichtigungsfähiger Schulden* gelten Anmerkungen A. 3 und 4 – auch für den erwerbstätigen Unterhaltsberechtigten – entsprechend. Diejenigen berufsbedingten Aufwendungen, die sich nicht nach objektiven Merkmalen eindeutig von den privaten Lebenshaltungskosten abgrenzen lassen, sind pauschal im Erwerbstätigenbonus von $^1/_7$ enthalten.

C. Mangelfälle

Reicht das Einkommen zur Deckung des Bedarfs des Unterhaltspflichtigen und der gleichrangigen Unterhaltsberechtigten nicht aus (sog. Mangelfälle), ist die nach Abzug des notwendigen Eigenbedarfs (Selbstbehalt) des Unterhaltspflichtigen verbleibende Verteilungsmasse auf die Unterhaltsberechtigten im Verhältnis ihrer jeweiligen Bedarfssätze gleichmäßig zu verteilen.

Der Einsatzbetrag für den *Kindesunterhalt* entspricht dem Existenzminimum. Dies ist zurzeit der Tabellenbetrag der 6. Einkommensgruppe gemäß § 1612 b V BGB.

Der Einsatzbetrag für den *Ehegattenunterhalt* wird ebenfalls mit dem Existenzminimum angesetzt. Dies entspricht bei getrennt lebenden oder geschiedenen Ehegatten dem notwendigen Eigenbedarf gemäß B V der Düsseldorfer Tabelle und bei dem mit den unterhaltspflichtigen zusammenlebenden Ehegatten dem Selbstbehalt gemäß B VI der Düsseldorfer Tabelle.

Das im Rahmen der Mangelfallberechnung gefundene Ergebnis ist zu korrigieren, wenn die errechneten Beträge über den ohne Mangelfall ermittelten Beträgen liegen (*BGH*, Urteil v. 22. 1. 2003, FamRZ 2003, 363 ff.).

Beispiel: Bereinigtes Nettoeinkommen des Unterhaltspflichtigen (M): 1300 EUR. Unterhalt für zwei unterhaltsberechtigte Kinder im Alter von 7 Jahren (K 1) und 5 Jahren (K 2), die bei der ebenfalls unterhaltsberechtigten geschiedenen nicht erwerbstätigen Ehefrau und Mutter (F) leben. F bezieht das Kindergeld.
Notwendiger Eigenbedarf des M: 890 EUR,
Verteilungsmasse: 1300 EUR – 890 EUR = 410 EUR,
Notwendiger Gesamtbedarf der Unterhaltsberechtigten:
334 EUR (K 1) + 276 EUR (K 2) + 770 EUR (F) = 1380 EUR.

Unterhalt:
K 1: 334 × 410: 1380 = 199,23 EUR
K 2: 276 × 410: 1380 = 182,00 EUR
F: 2770 × 410: 1380 = 228,77 EUR.
Eine Korrektur dieser Beträge ist nicht veranlasst. Kindergeld wird nicht angerechnet (§ 1612 b V BGB).

D. Verwandtenunterhalt und Unterhalt nach § 1615 l BGB

1. *Angemessener Selbstbehalt gegenüber den Eltern:* mindestens monatlich 1400 EUR (einschließlich 450 EUR Warmmiete) zuzüglich der Hälfte des darüber hinausgehenden Einkommens. Der angemessene Unterhalt des mit dem Unterhaltspflichtigen zusammenlebenden Ehegatten bemisst sich nach den ehelichen Lebensverhältnissen (Halbteilungsgrundsatz), beträgt jedoch mindestens 1050 EUR (einschließlich 350 EUR Warmmiete).
2. *Bedarf der Mutter und des Vaters eines nichtehelichen Kindes* (§ 1615 l I, II, V BGB): nach der Lebensstellung des betreuenden Elternteils, in der Regel mindestens 770 EUR.

   Angemessener Selbstbehalt gegenüber der Mutter und dem Vater eines nichtehelichen Kindes (§§ 1615 l III Satz 1, V, 1603 I BGB): mindestens monatlich falls erwerbstätig: 995 EUR, falls nicht erwerbstätig: 935 EUR.

Anlage zu Teil A Anmerkung 10 der Düsseldorfer Tabelle, Stand: 1. 7. 2005

Kindergeldanrechnung nach § 1612 b V BGB

1. Anrechnung des (hälftigen) Kindergeldes für das 1. bis 3. Kind von je 77 EUR

Einkommens-gruppe	0–5 Jahre	6–11 Jahre	12–17 Jahre
1 = 100 %	204–5 = 199	247–0 = 247	291–0 = 291
2 = 107 %	219–20 = 199	265–8 = 257	312–0 = 312
3 = 114 %	233–34 = 199	282 – 25 = 257	332–16 = 316
4 = 121 %	247–48 = 199	299–42 = 257	353–37 = 316
5 = 128 %	262–63 = 199	317–60 = 257	373–57 = 316
6 = 135 %	276–77 = 199	334–77 = 257	393–77 = 316

2. Anrechnung des (hälftigen) Kindergeldes für das 4. Kind und jedes weitere Kind von je 89,50 EUR:

Einkom-mensgruppe	0–5 Jahre	6–11 Jahre	12–17 Jahre
1 = 100 %	204–17,50 = 186,50	247–2,50 = 244,50	291–0 = 291
2 = 107 %	219–32,50 = 179,50	265 –20,50 = 244,50	312–8,50 = 303,50
3 = 114 %	233–46,50 = 179,50	282–37,50 = 244,50	332–28,50 = 303,50
4 = 121 %	247–60,50 = 179,50	299 –54,50 = 244,50	353–49,50 = 303,50
5 = 128 %	262–75,50 = 179,50	317–72,50 = 244,50	373–69,50 = 303,50
6 = 135 %	276–89,50 = 179,50	334–89,50 = 244,50	393–89,50 = 303,50

Das anzurechnende Kindergeld kann auch nach folgender Formel berechnet werden:

Anrechnungsbetrag = 1/2 des Kindergeldes + Richtsatz der jeweiligen Einkommensgruppe – Richtsatz der 6. Einkommensgruppe (135 % des Regelbetrages). Bei einem Negativsaldo entfällt die Anrechnung. Ab Einkommensgruppe 6 wird stets das Kindergeld zur Hälfte auf den sich aus der Tabelle ergebenden Unterhalt angerechnet (§ 1612 b I BGB).

2. Berliner Tabelle ab 1. Juli 2005 als Vortabelle zur Düsseldorfer Tabelle

– mit den Kindergeldabzugstabellen für das alte Bundesgebiet für das Beitrittsgebiet –

Die Tabelle geht aus von den in Art. 1 § 2 der Vierten Verordnung zur Änderung der Regelbetrag-VO vom 8. April 2005 festgesetzten Regelbeträgen ab 1. Juli 2005 für das in Artikel 3 des Einigungsvertragesgenannte Gebiet (BGBl. I 2005, 1055) und nennt in Ergänzung der Düsseldorfer Tabelle (Stand: 1. Juli 2005) die monatlichen Unterhaltsrichtsätze der im Beitrittsteil des Landes Berlin wohnenden unverheirateten Kinder, deren Unterhaltsschuldner gegenüber insgesamt drei Personen (einem Ehegatten und zwei Kindern) unterhaltspflichtig ist und ebenfalls im Beitrittsteil wohnt.

Die Vomhundertsätze Ost ab Gruppe b) sind gemäß § 1612a II S. 1 BGB zu errechnen (z. B. 196 EUR: 188 EUR = 104,2 %). Die **135 %-Grenze Ost** für die Kindergeldanrechnung nach § 1612 b V BGB beträgt in den drei Altersstufen **254 EUR** bzw. **308 EUR** bzw. **364 EUR**.

Die **150 %-Grenze Ost** für das Vereinfachte Verfahren (§ 645 I ZPO) beläuft sich in den drei Altersstufen auf **282 EUR** bzw. **342 EUR** bzw. **404 EUR.**

Altersstufen in Jahren (Der Regelbetrag einer höheren Altersstufe ist ab dem Beginn des Monats maßgebend, in den der 6. bzw. 12. Geburtstag fällt.)	**0–5** (Geburt bis 6. Geburtstag)	**6–11** (6. bis 12. Geburtstag)	**12–17 [–20*]** (12. bis 18. Geburtstag) * [18. bis 21. Geburtstag, wenn noch in der allg. Schulausbildung und im Elternhaushalt lebend]	**Vom hundert satz Ost**	**Vom hundert satz West**
Nettoeinkommen des Barunterhaltspflichten	**Alle Beträge in Euro**				
Gruppe					
a) bis 1000	188	228	269	**100**	
b) 1000–1150	196	238	280		

	ab 1150	wie Düsseldorfer Tabelle (aber ohne 4. Altersstufe und ohne Bedarfskontrollbetrag)				
1	bis 1300	204	247	291		**100**
2	1300–1500	219	265	312		107
3	1500–1700	233	282	332		114
4	1700–1900	247	299	353		121
5	1900–2100	262	317	373		128
6	2100–2300	276	334	393		**135**
7	2300–2500	290	351	414		142
8	2500–2800	306	371	437		**150**
9	2800–3200	327	396	466		160
10	3200–3600	347	420	495		170
11	3600–4000	368	445	524		180
12	4000–4400	388	470	553		190
13	4400–4800	408	494	582		200
	über 4800	nach den Umständen des Falles				

Anmerkungen zur Berliner Tabelle:

In Berlin:

I. Der notwendige monatliche *Selbstbehalt* des Unterhaltspflichtigen beträgt gegenüber *minderjährigen Kindern und gleichgestellten volljährigen Schülern (s. o.*)*
1. wenn der Unterhaltspflichtige erwerbstätig ist: 890 EUR
2. wenn der Unterhaltspflichtige nicht erwerbstätig ist: 770 EUR

II. Der angemessene monatliche *Selbstbehalt* des Unterhaltspflichtigen beträgt gegenüber *volljährigen Kindern* 1100 EUR

III. Der angemessene monatliche *Selbstbehalt* des Unterhaltspflichtigen beträgt gegenüber dem *getrennt lebenden* und dem *geschiedenen Ehegatten*
1. wenn der Unterhaltspflichtige erwerbstätig ist: 995 EUR
2. wenn der Unterhaltspflichtige nicht erwerbstätig ist: 935 EUR

IV. Der angemessene *Bedarf* (samt Wohnbedarfs und üblicher berufsbedingter Aufwendungen, aber ohne Beiträge zur Kranken- und Pflegeversicherung) eines *volljährigen Kindes,* welches nicht gemäß § 1603 II S. 2 BGB gleichgestellt ist, beträgt in der Regel monatlich: 640 EUR

V. Der angemessene *Selbstbehalt* des Unterhaltspflichtigen gegenüber *seinen Eltern* und gegenüber *volljährigen Enkeln* beträgt mindestens monatlich:
zuzüglich der Hälfte des darüber hinausgehenden Einkommens
1400 EUR

VI. Der angemessene *Selbstbehalt* des Unterhaltspflichtigen gegenüber der *Mutter* oder dem *Vater* i. S. von § 1615 l BGB beträgt mindestens monatlich:
1. wenn der Unterhaltspflichtige erwerbstätig ist: 995 EUR
2. wenn der Unterhaltspflichtige nicht erwerbstätig ist: 935 EUR
Der Bedarf der Mutter bzw. des Vaters eines nichtehelichen Kindes besteht in der Regel mindestens in Höhe der in Anmerkung I. genannten Beträge.

VII. Der Einsatzbetrag im Mangelfall beträgt bei dem mit dem unterhaltspflichtigen zusammenlebenden Ehegatten
1. bei Erwerbstätigkeit des Ehegatten: 650 EUR
2. bei Nichterwerbstätigkeit des Ehegatten: 560 EUR

Die Berliner Tabelle ist nur anzuwenden, wenn sowohl der Unterhaltsgläubiger als auch der Unterhaltsschuldner in Berlin wohnen. Die in den Anmerkungen genannten Selbstbehalte und Bedarfssätze sind in ganz Berlin gleich hoch, da durch § 20 II SGB II für die alten Bundesländer einschließlich Berlin (Ost) inzwischen die gleichen Regelleistungen zur Sicherung des Lebensunterhalts festgesetzt worden sind. Wohnt der Unterhaltspflichtige außerhalb Berlins, ist auf den an seinem Wohnsitz geltenden abweichenden Selbstbehalt abzustellen. Für die im früheren Ostteil Berlins wohnenden Kinder gelten bis auf weiteres die Regelbeträge Ost wie im sonstigen Beitrittsgebiet.

Die grundsätzlich hälftige **Anrechnung von Kindergeld** auf den Tabellenunterhalt erfolgt nur noch insoweit, als das hälftige Kindergeld zusammen mit dem geschuldeten Tabellenbedarfsbetrag der Düsseldorfer Tabelle [DT] bzw. der Berliner Tabelle [BT] den jeweils geltenden **135 %igen Regelbetrag** übersteigt (§ 1612 b I und V BGB). Der Kindergeldabzug berechnet sich mit folgender **Formel:**

Hälftiges Kindergeld (dieses beträgt ab 1. Januar 2002 **77 EUR** für das 1. bis 3. Kind sowie **89,50 EUR** für das 4. und jedes weitere Kind, BGBl. 2001 I, 2074, 2077 f.) **+ Unterhaltsbedarfsbetrag – 135 %iger Regelbetrag West bzw. Ost** (nach dem Wohnsitz des Kindes und seiner Altersstufe) **= anzurechnendes Kindergeld** (bei einem Negativsaldo entfällt die Anrechnung).

Daraus ergibt sich die folgende **Kindergeldabzugstabelle** (Tabellenbedarfsbetrag – Kindergeldabzug = Zahlbetrag) für das **alte Bundesgebiet** bis zur Gruppe 6 der DT (135 %-Grenze West):

Kind	**Gruppe der DT**	**1. Altersstufe**	**2. Altersstufe**	**3. Altersstufe**
1. bis 3. Kind	**1** [bis 1300]	**204–5 = 199**	**247–0 = 247**	**291–0 = 291**
ab 4. Kind	1	204 – 17,50 = 186,50	247–2,50 = 244,50	291–0 = 291
1. bis 3. Kind	**2** [1300–1500]	**219–20 = 199**	**265–8 = 257**	**312–0 = 312**
ab 4. Kind	2	219 – 32,50 = 186,50	265–20,50 = 244,50	312–8,50 = 303,50
1. bis 3. Kind	**3** [1500–1700]	**233–34 = 199**	**282–25 = 257**	**332–16 = 316**
ab 4. Kind	3	233 – 46,50 = 186,50	282–37,50 = 244,50	332–28,50 = 303,50
1. bis 3. Kind	**4** [1700–1900]	**247–48 = 199**	**299–42 = 257**	**353–37 = 316**
ab 4. Kind	4	247–60,50 = 186,50	299–54,50 = 244,50	353–49,50 = 303,50
1. bis 3. Kind	**5** [1900–2100]	**262–63 = 199**	**317–60 = 257**	**373–57 = 316**
ab 4. Kind	5	262–75,50 = 186,50	317–72,50 = 244,50	373–69,50 = 303,50
1. bis 3. Kind	**6** [2100–2300]	**276–77 = 199**	**334–77 = 257**	**393–77 = 316**
ab 4. Kind	6	276–89,50 = 186,50	334–89,50 = 244,50	393–89,50 = 303,50

Nach der Formel ergibt sich für das **Beitrittsgebiet** bis zur 135 %-Grenze Ost folgende **Kinderabzugstabelle:**

Kind	Gruppe der BT	1. Altersstufe	2. Altersstufe	3. Altersstufe
1. bis 3. Kind	**a)** [bis 1000]	**188–11 = 177**	**228–0 = 228**	**269–0 = 269**
ab 4. Kind	a)	188–23,50 = 164,50	228–9,50= 218,50	269–0 = 269
1. bis 3. Kind	**b)** [1000–1150]	**196–19 = 177**	**238–7 = 231**	**280–0 = 280**
ab 4. Kind	b)	196–31,50 = 164,50	238–19,50 = 218,50	280–5,50 = 274,50
1. bis 3. Kind	**1** [bis 1300]	**204–27 = 177**	**247 – 16 = 231**	**291–4 = 287**
ab 4. Kind	1	204–39,50 = 164,50	247–28,50 = 218,50	291–16,50 = 274,50
1. bis 3. Kind	**2** [1300–1500]	**219–42 = 177**	**265 – 34 = 231**	**312–25 = 287**
ab 4. Kind	2	219–54,50 = 164,50	265–46,50 = 218,50	312–37,50 = 274,50
1. bis 3. Kind	**3** [1500–1700]	**233–56 = 177**	**282 – 51 = 231**	**332–45 = 287**
ab 4. Kind	3	233–68,50 = 164,50	282–63,50 = 218,50	332–57,50 = 274,50
1. bis 3. Kind	**4** [1700–1900]	**247–70 = 177**	**299 – 68 = 231**	**353–66 = 287**
ab 4. Kind	4	247–82,50 = 164,50	299–80,50 = 218,50	353–78,50 = 274,50
1. bis 3. Kind	**135 %-Grenze Ost**	**254–77 = 177**	**308 – 77 = 231**	**364–77 = 287**
ab 4. Kind	135 %-Grenze Ost	254–89,50 = 164,50	308–89,50 = 218,50	364–89,50 = 274,50

(Verfasst in Abstimmung mit der Unterhaltskommission des DFGT und mit dem Kammergericht und mitgeteilt von RiAG *Rudolf Vossenkämper*, Berlin)

3. Bremer Tabelle zur Berechnung des Altersvorsorgeunterhalts

fortgeführt von Werner Gutdeutsch, Richter am OLG a. D. nach dem Stand vom 1. 1. 2006*)

Netto-bemessungs-grundlage in Euro	Zuschlag in % zur Berechnung der Brutto-bemessungs-grundlage	Netto bemessungs-grundlage in Euro	Zuschlag in % zur Berechnung der Brutto-bemessungs-grundlage
0–805	15 %	1241–1270	31 %
806–850	16 %	1271–1310	32 %
851–890	17 %	1311–1345	33 %
891–920	18 %	1346–1385	34 %
921–955	19 %	1386–1425	35 %
956–990	20 %	1426–1465	36 %
991–1025	21 %	1466–1510	37 %
1026–1055	22 %	1511–1555	38 %
1056–1085	23 %	1556–1600	39 %
1086–1105	24 %	1601–1645	40 %
1106–1120	25 %	1646–1690	41 %
1121–1140	26 %	1691–1735	42 %
1141–1160	27 %	1736–1785	43 %
1161–1185	28 %	1786–1830	44 %
1186–1210	29 %	1831–1880	45 %
1211–1240	30 %	1881–1930	46 %

*) Berechnet unter Berücksichtigung von Beitragssätzen von 19,50 % für die Rentenversicherung und 6,50 % für die Arbeitslosenversicherung, und Lohnsteuer der Klasse 1 ohne Kinderfreibeträge mit Solidaritätszuschlag; zur Anwendung vgl. BGH FamRZ 81/442,444,445 =NJW 81/1556, 1558, 1559, FamRZ 83/888, 889, 890 =NJW 83/2937, 2938, 2939, s. a. BGH FamRZ 85/471, 472, 473 =NJW 85/1347 [LS.].

1931–1980	47 %	2526–2570	59 %
1981–2030	48 %	2571–2620	60 %
2031–2080	49 %	2621–2665	61 %
2081–2130	50 %	2666–2710	62 %[1]
2131–2180	51 %	2711–2755	63 %
2181–2230	52 %	2756–2800	64 %
2231–2280	53 %	2801–2845	65 %
2281–2330	54 %	2846–2890	66 %
2331–2375	55 %	2891–2940	67 %
2376–2425	56 %	2941–2985	68 %
2426–2475	57 %	2986–3040	69 %
2476–2525	58 %	3041–3080	70 %[2]

4. Unterhaltsrechtliche Leitlinien der Familiensenate des Thüringer Oberlandesgerichts

Änderungen der Fassung vom 1. 7. 2003 zum **Stand: 1. 7. 2005**

Die Unterhaltsrechtlichen Leitlinien der Familiensenate des Thüringer Oberlandesgerichts, Stand: 1. 7. 2003, gelten auch über den 1. 7. 2005 hinaus weiter, mit Ausnahme der nachstehenden Änderungen:

Die „Düsseldorfer Tabelle" und die „Berliner Tabelle" als Vortabelle hierzu, jeweils Stand 1. 7. 2005, sind einbezogen.

Kindesunterhalt

13. Volljährige Kinder

13.1.2. Der Bedarf eines Volljährigen mit eigenem Hausstand beträgt in der Regel monatlich 590,00 €, soweit sich nicht aus dem zu-

[1] In den neuen Bundesländern wird bei einer Beitragsbemessungsgrenze von 4400 EUR mit einer Nettobemessungsgrundlage von 2708,65 EUR und einem Zuschlag von 62,44 % der höchstmögliche Einzahlungsbetrag in die gesetzliche Rentenversicherung von 858 EUR erreicht.

[2] In den alten Bundesländern wird bei einer Beitragsbemessungsgrenze von 5250 EUR mit einer Nettobemessungsgrundlage von 3082,23 EUR und einem Zuschlag von 70,33 % der höchstmögliche Einzahlungsbetrag in die gesetzliche Rentenversicherung von 1024 EUR erreicht.

sammengerechneten bereinigten Nettoeinkommen der Eltern unter Anwendung der Tabelle ohne Höherstufung ein höherer Satz ergibt.

Leistungsfähigkeit und Mangelfall

21. Selbstbehalt des Verpflichteten

21.1. Es ist zu unterscheiden zwischen dem notwendigen (§ 1603 Abs. 2 BGB), dem angemessenen (§ 1603 Abs. 1 BGB), dem eheangemessenen (§§ 1361 Abs. 1, 1578 Abs. 1 BGB) sowie dem billigen Selbstbehalt (§ 1581 BGB).
Er beträgt

21.2. gegenüber Minderjährigen und gemäß § 1603 Abs. 2 Satz 2 BGB privilegierten volljährigen Kindern (notwendiger oder kleiner Selbstbehalt)
a) für nicht erwerbstätige Unterhaltspflichtige 710,00 €,
b) für erwerbstätige Unterhaltspflichtige 820,00 €,
(darin enthalten ist ein Wohnanteil von 250,00 € Kaltmiete);

21.3. gegenüber volljährigen Kindern, die nicht gemäß § 1603 Abs. 2 Satz 2 BGB privilegiert sind (angemessener oder großer Selbstbehalt):
a) für nicht erwerbstätige Unterhaltspflichtige 900,00 €,
b) für erwerbstätige Unterhaltspflichtige 1010,00 €,
(darin enthalten ist ein Wohnanteil von 300,00 € Kaltmiete);

21.4. gegenüber dem getrenntlebenden und geschiedenen Ehegatten (eheangemessener Selbstbehalt) sowie gegenüber der Mutter oder dem Vater nach § 1615 l Abs. 1 BGB
a) für nicht erwerbstätige Unterhaltspflichtige 805,00 €,
b) für erwerbstätige Unterhaltspflichtige 915,00 €,
(darin enthalten ist ein Wohnanteil von 275,00 € Kaltmiete);
Dem geschiedenen Ehegatten ist nach Maßgabe des § 1581 BGB unter Umständen ein höherer Betrag zu belassen.

21.5. gegenüber den Eltern des Unterhaltspflichtigen (angemessener Selbstbehalt) mindestens
a) für nicht erwerbstätige Unterhaltspflichtige 1190,00 €,
b) für erwerbstätige Unterhaltspflichtige 1300,00 €,
wobei die Hälfte des diesen Mindestbetrag übersteigenden Einkommens zusätzlich anrechnungsfrei bleibt;

21.6. höhere als die in den Selbstbehaltsätzen ausgewiesenen Wohnkosten führen in der Regel nicht zu einer Erhöhung der Selbstbehaltsätze.

Anlage

Thüringer Tabelle für den Kindesunterhalt

Stand: 1. 7. 2005

Bedarf nach Altersstufen in EURO:

Gruppe[1]	bereinigtes Nettoeinkommen[2] des Unterhaltspflichtigen in EURO	bis Vollendung des 6. Lebensjahres (Lbj.)[3]	vom 7. bis Vollendung des 12. Lbj.[3]	vom 13. bis Vollendung des 18. Lbj.[3]	ab 19. Lbj.
a)	bis – 1000	188	228	269	310
b)	1000 – 1150	196	238	280	322
c)	ab – 1150	wie nachfolgende Düsseldorfer Tabelle (aber ohne Bedarfskontrollbetrag)			
1	bis – 1300	204	247	291	335
2	1300 – 1500	219	265	312	359
3	1500 – 1700	233	282	332	382
4	1700 – 1900	247	299	353	406
5	1900 – 2100	262	317	373	429
6	2100 – 2300	276	334	393	453
7	2300 – 2500	290	351	414	476
8	2500 – 2800	306	371	437	503
9	2800 – 3200	327	396	466	536
10	3200 – 3600	347	420	495	570
11	3600 – 4000	368	445	524	603
12	4000 – 4400	388	470	553	637
13	4400 – 4800	408	494	582	670
	über – 4800	nach den Umständen des Falles			

1) vgl. unter 11.2
2) vgl. unter 10
3) § 1612 a Absatz 3 BGB

III. Adressen

Frauen, die sich zu einer Trennung bzw. Scheidung entschließen, stehen nicht alleine da. Sie können sich zunächst an eine Beratungsstelle in ihrer Stadt wenden, die ihnen Kontakte zu speziellen Frauenberatungsgruppen vermitteln. Über autonome Frauenhäuser informiert die:

Zif Zentrale, Informationsstelle für autonome Frauenhäuser, Postfach 10 11 03, 34011 Kassel, Tel. 05 61/8 20 30 30 www-autonome-frauenhaeuser-zif.de

Ost-Arbeitsgemeinschaft Frauenhäuser, c/o 3. Autonomes Frauenhaus Berlin, Postfach 02 36, 10322 Berlin, Tel. 0 30/5 59 35 31

Manche Beratungsstellen geben auch Tipps bei der Suche nach einer Anwältin.

Fast in jeder größeren Stadt können Sie sich an Pro Familia wenden, die Adresse finden Sie im Telefonbuch oder Sie schreiben einen:

Pro Familia – Bundesverband, Stresemannallee 3, 60596 Frankfurt, Tel. 0 69–63 90 02, www.profamilia.de, e-mail: info@profamilia.de

Im Folgenden sind nach Bundesländern geordnet die Adressen bzw. Telefonnummern von Frauenberatungsstellen sowie von den Gleichstellungsstellen in den jeweiligen Landeshauptstädten aufgeführt:

a) Baden-Württemberg

Frauen helfen Frauen e. V., Römerstr. 30, 70180 Stuttgart, Tel. 07 11/ 6 49 45 50

Frauenbeauftragte, Eberhartstr. 61, 70173 Stuttgart, Tel. 07 11/ 2 16 33 38

b) Bayern

Frauen helfen Frauen e. V., Postfach 90 04 46, 81504 München, Tel. 0 89/64 51 69

Gleichstellungsstelle für Frauen, – Rathaus –, Marienplatz 8, 80331 München, Tel. 0 89/23 39 24 65, www.muenchen.de

c) Berlin

Frauenkrisentelefon, Berlin, Tel. 0 30/6 14 22 42, www.frauenkrisentelefon. de

Bezirksamt Friedrichshain – Kreuzberg, Gleichstellungsbeauftragte, Frankfurter Allee 35 bis 37, 10216 Berlin, Tel. 0 30/9 02 98-41 11 o. -41 09

d) Brandenburg

Gleichstellungsbeauftragte, Heinrich-Mann-Allee 103, 14473 Potsdam, Tel. 03 31/8 66 50 50

e) Bremen

Frauen helfen Frauen, Bremen, Tel. 04 21/3 4 95 73

Bremische Zentralstelle für die Verwirklichung der Gleichstellung der Frau, Knochenhauer Str. 20–25, 28195 Bremen, Tel. 04 21/3 61 31 33

f) Hessen

Frauenbeauftragte, Schlossplatz 6, 65183 Wiesbaden, Tel. 06 11/ 31 24 48

g) Mecklenburg-Vorpommern

Frauen helfen Frauen e. V., Postfach 13 50, 23953 Wismar, Tel. 0 38 41/ 28 36 27

Gleichstellungsbeauftragte, Postfach 12 45, 23952 Wismar, Tel. 0 38 41/ 251 96 00

h) Niedersachsen

Frauenbüro, Tel. 05 11/1 684 53 01

i) Nordrhein-Westfalen

Frauen in Not und Notruf für vergewaltigte Frauen e. V., Ackerstraße 144, 40233 Düsseldorf, www.Frauenberatungsstelle.de, E-Mail: Info@Frauenberatungsstelle.de, Tel. 02 11/68 68 54, Fax 02 11/67 61 61

Frauenbüro, Stadt Düsseldorf, Mühlenstraße 29, 40213 Düsseldorf, Tel. 02 11/8 99 36 03, E-Mail: Frauenbuero@stadt.duesseldorf.de

j) Rheinland-Pfalz

Frauenbeauftragte, Klarastr. 4, 55116 Mainz, Tel. 0 61 31/12 21 75, www.mainz.de/frauenbuero.de

k) Saarland

Notruf für vergewaltigte Frauen e. V., Nauwieser Str. 19, 66111 Saarbrücken, Tel. 06 81/3 67 67, E-Mail: Notrufgruppe-SB@t-online.de

l) Sachsen

Frauen in Not, Postfach 21 01 30, 01261 Dresden, Tel. 03 51/2 81 77 88

Landeshauptstadt Dresden:

Gleichstellungsbeauftragte, Dr. – Koelz-Ring 19, 01067 Dresden, Tel. 03 51/4 88 22 67,
www. Dresden.de, E-Mail: Gleichstellungsstelle@dresden.de

m) Sachsen-Anhalt:

Gleichstellungsstelle für Frauen, Alter Markt 6, 39104 Magdeburg, Tel. 03 91/5 40 23 16, www.magdeburg.de,
E-Mail: beier@stadt.magdeburg.de

n) Schleswig Holstein:

Frauenbeauftragte, Andreas-Gayk-Str. 31, 24103 Kiel, Tel. 03 61/6 55 10 40

o) Thüringen

Gleichstellungsstelle, Stadtverwaltung Erfurt, Benediktplatz 1, 99084 Erfurt, Telefon 03 61/6 55 10 40, E-Mail: frauenbuero@erfurt.de

Sachregister

Zahlen = Seiten